想象欧洲丛书
Studies in European History

L'Europe de Saint-Simon

Charles-Olivier Carbonell

圣西门的欧洲观

[法]夏尔-奥利维耶·卡博内尔 著
李倩 译

北京大学出版社
PEKING UNIVERSITY PRESS

著作权合同登记号　图字：01-2004-0509
图书在版编目(CIP)数据

圣西门的欧洲观 /（法）卡博内尔著；李倩译 . — 北京：北京大学出版社，2016.4
（想象欧洲丛书）
ISBN 978-7-301-26904-6

Ⅰ. ①圣… Ⅱ. ①卡… ②李… Ⅲ. ①圣西门, C. H.(1760～1825) – 政治思想 – 研究　Ⅳ. ① D091.6

中国版本图书馆 CIP 数据核字 (2016) 第 027847 号

Charles-Olivier Carbonell
L' EUROPE DE SAINT-SIMON
© Editions Privat

书　　　名	圣西门的欧洲观 Shengximen de Ouzhou Guan
著作责任者	[法] 夏尔－奥利维耶·卡博内尔 著　李倩 译
责任编辑	张晓辉
标准书号	ISBN 978-7-301-26904-6
出版发行	北京大学出版社
地　　　址	北京市海淀区成府路 205 号　100871
网　　　址	http://www.pup.cn　新浪微博：@北京大学出版社 @培文图书
电子信箱	pkupw@qq.com
电　　　话	邮购部 62752015　发行部 62750672　编辑部 62750883
印 刷 者	三河市国新印装有限公司
经 销 者	新华书店 787 毫米×1092 毫米　32 开本　4 印张　60 千字 2016 年 4 月第 1 版　2016 年 4 月第 1 次印刷
定　　　价	29.00 元

未经许可，不得以任何方式复制或抄袭本书之部分或全部内容。
版权所有，侵权必究
举报电话：010-62752024　电子信箱：fd@pup.pku.edu.cn
图书如有印装质量问题，请与出版部联系，电话：010-62756370

亨利·德·圣西门，
欧洲政治联合的预言家。

前　言

在设想过欧洲联合的人中间，亨利·德·圣西门是重要一员。他于1814年撰写的《论欧洲社会的改组》使他成为欧洲联合的首批设计师之一；他即使不是欧洲联合的先驱，也是欧洲联合的预言家。

《论欧洲社会的改组》长期不为人知，那些重新发现该著的人揭示了一种经济的和社会的思想——圣西门主义——对该著的影响，然而1814年的圣西门尚未构建出这种思想。他们错误地把圣西门所构想的欧洲联合理解为专家治国的或社会的欧洲联合，而本质上圣西门所构想的欧洲联合是政治上的……有必要对圣西门进行更加公正准确的解读，这正是本书所要做的。

不过，更加公正准确的解读并非重刊1814年这部作品的唯一原因。还有其他原因，它们没那么深奥，却可能有趣得多。

思考的乐趣是原因之一。这种乐趣魅力非凡，它将昨天的未来与今天的过去两相对照，试图以既不幼稚也不猜疑的态度去估量一项预言包含多少真实的成分。

另一个原因是结识作者，尤其这位作者还是亨利·德·圣西门。认识他，就是认识了一位真正有预见力的人——这种事情并不能经常遇到。对于他遨游于各个时代的思想，他的父亲和他的老师们早已习以为常。他波折动荡的一生有助于我们了解，在经历了革命历险、金融投机以及神秘主义的探寻之后，他在思想上如何变成了一个未来的公民。

我们过去嘲笑他，现在仍然可以嘲笑他，但是我们也能够——我认为我们应该——认真对待我们的这位研究对象，他在近两百年前赋予我们一个未来之约，这个未来正是目前欧洲内部正在协调并力图实现的最佳目标。

目 录

一 两个空想家 / 1

伯爵殿下 / 5
"先祖查理大帝" / 6
 杜撰显赫祖先 / 7
 盛名之下 / 8
 百科全书派的门生 / 9
奔赴新大陆 / 10
 参军…… / 10
 远见初显 / 12
 革命变迁 / 13
上流社会的哲学家（1797—1803）/ 15
 科学家的资助人 / 15
 早期著述 / 17

艰难岁月（1804—1813）/ 18
　　战事再起 / 19
　　一贫如洗 / 19
　　新写作计划 / 20

1813 年，转折 / 24
　　进言政治 / 25

1814 年，"伯爵殿下"结识"他的学生"/ 31
　最初的往来 / 33
　巴黎，1814 年春 / 34
　　复辟时期 / 34
　　撰写《论欧洲社会的改组》/ 38

二　论欧洲社会的改组 / 41

第一章　论最好的政府形式 / 44
　本书的由来 / 44
　关于会议。维也纳会议 / 45
　论可能的最好宪法 / 50
　论英国宪法 / 54
　论英国宪法（续）/ 57
　结　论 / 59

第二章　一个负责共同利益的总议会 / 60

论欧洲社会的重新组织 / 60

论欧洲议会的众议院 / 61

论贵族院 / 64

论国王 / 64

大议会的内部和外部活动 / 65

结　论 / 67

第三章　法英共同议会的作用 / 68

论欧洲议会的建立，及促进其建立的方法 / 68

论英法共同议会 / 70

通过政治联系团结起来，符合法国和英国的利益 / 70

关于法国事务的研究 / 71

法国发生一场新的革命的原因 / 75

法国发生一场新的革命的原因（续）/ 77

革命的走向 / 81

在法国避免第二次革命的手段 / 82

对法国和英国的思考的概要 / 83

论德国 / 86

论德国（续）/ 88

结　论 / 90

三 圣西门的欧洲构想与历史对它的考验 / 93

一项预言的故事:厄运与好运 / 94

  一部被作者遗忘的作品 / 95

  一部无人问津的作品 / 96

  一位历史学家的科学预言 / 97

  19 世纪的背道而驰 / 100

  空想与历史:20 年代的短暂相会 / 103

历史的裁决 / 106

  欧洲建设的起源:中肯的预言 / 106

  欧洲联合的进程:被打乱的预言 / 108

  精英和大有产者的政府:过时的预言 / 110

  议会制度:昨天给明天的预言 / 113

  宪法:昨日之计划与今日之计划 / 114

结　语 / 116

参考书目 / 118

一

两个空想家

1814年10月,一本一百多页的小书问世于巴黎:"努瓦耶大街37号,阿德里安·埃格龙出版"。最初的畅销之后,它迅速沦落到人们的视野之外。多年以后,直到一战结束后不久,它才被欧洲联邦主义的诸位创始人视为先驱之作,其中一员——亨利·德·茹弗内尔提到这本书时感叹道:"圣西门已经去世了一百年,但是他并没有落在我们身后或沉寂于历史中;他走在我们的前面。"

书的封面上密密地列出了书名和著者:《论欧洲社会的改组,或在保持各国独立的条件下把欧洲各族人民结成统一的政治体的必要性和手段》,圣西门伯爵殿下和他的学生奥古斯坦·梯叶里著。

尽管书名的长度及其拉丁文风毫不奇怪——当时的习惯使然——对著者的介绍方式足以令人惊讶。的确,两位著者并列得到介绍,但是差别巨大——一个是"伯爵殿下",名满全巴黎的知名人士,据说身体里流淌着查理大帝的血液;一个是"他的学生",年纪轻轻的无名小卒,透露了其卑微出身的名字充当了他的姓氏。

的确,从"告读者"开始,读者就有可能怀疑此文是否有两个作者。从开头——"我思忖为何所有的政治努力对欧洲的疾病都无能为力,我也看到对欧洲的拯救

"伯爵殿下"亨利·德·圣西门（1760—1825）。

只存在于一种全面的改组中。我构思了一个改组的计划……"——到结尾——"我要表明的是……我希望他们能站到……",全文始终使用了"我"这一人称。

当然,书中的"序言"没有署名,但是毫无疑问:这些文字以及接下来的文字都是圣西门伯爵思考并写下来的——也可能由他口述?这对于了解他波折的一生、他大胆的言论、他想要思考这个世界并成为这个世界的预言家和组织者的抱负的读者来说,是显而易见的。

了解"伯爵殿下"的一生,有助于我们切入对《论欧洲社会的改组》的解读。这个研究角度提供了又一个乐趣:我们可以借此机会验证一下据说是弗朗索瓦·基佐说过的俏皮话:"你喜欢小说吗?那么,读读历史吧!"

伯爵殿下

给"圣西门伯爵殿下"的首要定位,绝不应该是那句古老的准则"一切荣誉皆归老爷"——在当时的形势下,圣西门有自己的准则:从1789年起,他就明确地抛弃了那个古老的准则。诚然,到1814年秋的复辟初期,夸耀长久以来被"不幸岁月"取缔的古老贵族头衔重新成为风尚,对某些人则大有用处。亨利·德·圣西门也会去炫耀,假如一直以来他喜爱自己的贵族爵位胜过使他成为加罗林王朝后裔的古老血统。这也许解释了这位"无套裤大老爷"(米什莱语)与其贵族身份之间的矛盾关系;可能也解释了他在《论欧洲社会的改组》一文中所持的既嗜古又革命的令人困惑的看法。的确,人物是进入此文的关键。

克洛德·亨利·德·鲁弗鲁瓦,圣西门伯爵,1760年10月17日出生于巴黎一个上层贵族家庭,家中八个孩子,他是长子。他的父亲巴尔塔扎尔-亨利是皮卡弟地区法尔维的领主,法尔维是该地区的一个小乡村,大革命前夕居住着六十来户人家。巴尔塔扎尔-亨利曾在洛林担任波兰国王斯坦尼斯拉斯的典礼官和皇家侍卫指挥官,圣西门出生时他是桑利斯城的长官和大法官。不过,与职务和头衔相比,圣西门家族更加引以为荣的是他们的出身:他们难道不是查理大帝的后裔吗?

"先祖查理大帝"

每每提起那位白胡子皇帝,亨利·德·圣西门总喜欢说:"先祖查理大帝。"众所周知,名门望族如同平民百姓一样喜欢用传说美化自己的身世。圣西门家族世代传诵着加洛林祖先的传说。1808年,即亨利·德·圣西门出版关于科学哲学的著作的同年,[①] 他的一个表兄弟克洛德-安娜公爵在马德里出版了《圣西门家族家谱》,此书力图证明他的表亲和他自己都是查理大帝的第三十五代后裔。

后世的历史学家们已经指出此类说法不实。已知的圣西门家族最古老的祖先是14世纪的一名骑士——据勒博尔涅所说,此人乃马修·德·鲁弗鲁瓦骑士,是普莱西耶-叙尔-圣朱斯特地区贫瘠土地上的领主,他的儿子成为圣西门领主。

---

① 1808年圣西门的《19世纪科学著作导论》出版。——中译者注

一 两个空想家

- **杜撰显赫祖先**

圣西门家族的加洛林神话是16世纪的系谱学者让·迪蒂埃杜撰的。在其《法国国王汇编》中，当他编制韦芒杜瓦伯爵——查理大帝真正的后裔——的名单

加洛林神话

虚构的家谱

第一代　查理大帝
第二代　丕平，意大利国王（810年去世）
↓
第五代　丕平，韦芒杜瓦伯爵（902年去世）
↓
第十二代　韦芒杜瓦的厄德二世，圣西门领主
第十三代　圣西门的让一世（1250年去世）
↓
第十七代　雅克·德·圣西门

....

杜撰的世系

第十八代　马修·德·鲁弗鲁瓦骑士，又名独眼人（1370年去世）
第十九代　让，圣西门领主（1410年去世）
↓
第三十四代　巴尔塔扎尔-亨利，圣西门伯爵（1721—1783）
第三十五代　克洛德·亨利，圣西门伯爵（1760—1825）

时，这位系谱学家在韦芒杜瓦的厄德二世的名字后面加上如下批注:"圣西门家族是他的后裔。"

这个家谱确立了圣西门家族的加洛林出身,克洛德·亨利和所有家族成员一样毫不怀疑其真实性。实际上,他自己曾经在特定情况下予以证实。当他被革命法庭关进圣佩拉吉监狱,在囚室等待死亡的时候,他那位先祖在他面前现身,并对他说了如下一番话:"有史以来,没有任何家族有过为人类献出伟大英雄和卓越哲学家的荣誉。此等荣誉只属于我的家族。我的孩子,你作为哲学家的成就,将同我作为军人和政治家所取得的成就相媲美。"

• 盛名之下

至于该家族的发迹,则是晚近以来的事;它始于17世纪,克洛德·德·圣西门骑士是路易十三所宠爱的侍从,之后陆续担任过御前马厩长、圣骑士团的骑士、公爵和廷臣。他的儿子,1775年出生的路易·德·圣西门,优秀而冷静,所著回忆录记述了路易十四的宫廷;[①] 由圣西门骑士也发展出一个年幼的旁支,这个旁支没有名气

---

① 此处原文有误。《回忆录》的作者路易·德·圣西门的出生年份是1675年,而非原文里所说的1775年。——中译者注

也不富裕，它小心翼翼地维持着家族的傲慢，心存抱负意欲恢复失却的荣耀——克洛德·亨利就从属于这个旁支。据说，按照主人的吩咐，每天清晨仆人唤醒年轻的亨利伯爵时都要说："起来吧，伯爵殿下，伟大的事业在等着您。"这是早期的圣西门传记作者们乐于讲述的轶事之一，因为他们以圣西门的弟子自居，并且对笔下的传记主人公予以美化。

• **百科全书派的门生**

圣西门的老师都是知名人物，从他们那里，他得到了卓越的教育。例如他曾得到数学家和哲学家达朗贝尔的指导。达朗贝尔刚刚完成与著名的《百科全书，或科学、艺术和工艺详解词典》的积极合作，他于1751年为之撰写的《序言》令他入选了法兰西学院。这一规模巨大的出版事业，由狄德罗发起，对年轻的亨利产生了重要影响。他完全赞同《百科全书》的编辑出版：这是一曲对理性、科学、技术、人

达朗贝尔（1717—1783），知识渊博的智者，圣西门的老师。

类精神进步的赞歌,也是一架向传统、迷信、权威和滥用权威宣战的了不起的战争机器。少年圣西门变成了一名"百科全书派的门生",其惊人之举显露出他对启蒙思潮的赞同:十三岁那年,他拒绝参加他的首次圣餐礼仪式——为此他被父亲关进了圣拉扎尔监狱,之后又成功逃了出来,这是他的第一次越狱。

他自称是加洛林王朝的后代,并很早就确立了终身志向:第一步就是探索美洲革命和欧洲革命向他那一代人打开的道路。

奔赴新大陆

面对动荡的年代,亨利·德·圣西门毫不畏惧或退避,相反,他热情而旗帜鲜明地投身时代大潮,无论在思想上还是在行动上。

- **参军……**

圣西门十七岁即被授予少尉军衔。1779年,他以上尉军衔随军开赴安的列斯群岛,这支来自法国图雷纳省的军队由德布耶侯爵指挥。那时的法国刚刚与反抗英帝国的北美十三个殖民地结成联盟。圣西门在美洲效力了四年，首先在安的列斯群岛，接着在美洲大陆——1781年10月，他参加了华盛顿和拉法耶特指挥的约克郡战役，这一决定性战役结束了美国独立战争——随后他再次回到安的列斯群岛，那里战争仍在继续，英国与法国及法国盟国西班牙之间的战火直到1783年才熄灭。由于负伤，圣西门被俘虏并被押送到牙买加，在牙买加他被英国人关押，直至战争结束。

拉法耶特（1757—1834），亨利·德·圣西门曾经是他的战友。

美洲的这段经历对亨利·德·圣西门产生了深远影响。他和其他"美国人氏"并肩作战，那些人不久以后构成了法国大革命初期十分活跃的自由派贵族的核心——例如拉法耶特、罗尚博、诺瓦耶、屈斯蒂纳、赛居尔等等。圣西门在美洲发现了一个由启蒙了的英国资产阶级构建的新社会；在那个没有过去的社会里，贵族爵位一钱不值，人的权利得到宣布，人们凭借劳动和政治平等获得一切。"我隐约预感到，"他后来写道，"美洲革命标志了一个新的政治时代的开端。"

圣西门回到法国时已经晋升为上校,然而他无法容忍戎马生涯。"我的志向不是当兵,"他明示。

- **远见初显**

1785年他辞了职,在法国的两个邻国做了两次旅行,其间他将他的远见才智运用到若干项目中,这些项目体现出来的大胆鲁莽以及随后的失败给他带来空想家的名声。首先,他参与筹划了一场法国–荷兰的军事远征,目的地是英属印度殖民地;这个计划被弃置之后,

---

圣西门、圣西门主义者和大运河

"晚年的圣西门,周围聚集着一群年轻人,这些人与其说是他的学生,不如说是他的信徒。1825年圣西门去世后,这个圈子变成了一个等级制的教派或学派,从中诞生出了一个真正的教会。不过这种神秘的演变——它降低了圣西门主义运动的信誉——不应该遮掩圣西门主义者在以下经济领域所起到的重要作用:动产信贷和实业信贷,广告,铁路,大运河……

"苏伊士运河最早的图样和最初的工程出自圣西门主义工程师富尔内尔和昂方坦之手;费迪南·德·莱赛普是苏伊士运河的建造者,巴拿马运河的建造也要提到他的名字,而圣西门在美洲时就已指出巴拿马运河的必要性。"

马克西姆·勒鲁瓦:《法国社会思想史》,第二卷,第363页

他去了马德里,在那里,他应西班牙政府的要求,制定了一个资助计划,目标是建立一条经由瓜达尔基维尔河将马德里和大西洋相连的运河。这个计划遭受了与前一个计划相同的命运。

此后,亨利重新开始了半食利半哲学家的旅行家生活,这种生活将被1789年春巴黎发生的一系列事件打断。

· **革命变迁**

大革命爆发以后,圣西门不慌不忙地回到了法国。虽然没有亲身参与,他却明确表达了对大革命的赞同。1789年11月,圣西门当选法尔维选举会议的主席——法尔维是他的家乡,离佩罗讷不远——他向选民们宣布:"我希望你们这样做不是为了向你们的老爷表示敬重,因为现在没有老爷了,先生们;这里我们每个人都是完全平等的;我不希望这个伯爵的名号让你们错认为我拥有比你们更高一级的权利,因此我向你们宣布我永远放弃这个伯爵称号,我认为这个称号远远比不上公民的称号。"

一年以后,他向佩罗讷市的议会宣布,他想"用一场共和主义的洗礼洗掉自己的原罪"。他选择了克罗德-亨利·好人(Claude-Henri Bonhomme)作为"再生之名"。

在这动荡的年月里,另一个圣西门诞生了:生意人、企业家、投机商集于一身。他与普鲁士驻伦敦大使列德伦伯爵合作，买进大革命期间被国家没收的教会财产和大革命的敌人的财产，再转卖出去；由此，在皮卡弟，他获得了兰斯的圣雷米修道院、科尔比修道院和沃赛勒修道院；在巴黎，他掌握了纳耶和帕西地区的大量不动产。昔日的贵族，如今成了投机商！当恐怖提上日程之际，这足以让他被国民公会里的坚定分子送进监狱。罗伯斯庇尔的倒台救了他一命。热月9日以后，克罗德·好人变成了公民西门，并再次投身商业。

他在巴黎创建了一家公共运输公司——"圣西门公司"——通过该公司他积累起新的财富，在督政府时期过上了帝王般的生活。他的阔绰排场博得了巴黎的赞叹，红衣主教贝尼斯家的名厨，舒瓦瑟尔公爵家的膳食总管，现在都受雇于他。然而，命运之轮飞速旋转：1797年他与合伙人关系破裂，他控诉合伙人诈骗，把合伙人告上法庭，从而卷进一系列无止境的诉讼中。这可能是他在37岁那年突然决定转向其他的投机——知识的投机——的原因。"考察人类精神的运作，以便将来研究文明的改进……此即我为自己确定的目标。从那时起我便毫无保留地献身于它，我把我全部的生命贡献给它，而且从那时起这项新的工作便占据了我全部的精力。"

从这场与合伙人的纠纷中，他得到了十四万四千里弗的财富,对此他承认:"我以为这些钱足以让我完成我的计划,不等把钱花完,我就能获得一个体面的学术地位。"

这个希望亦将落空。

上流社会的哲学家(1797—1803)

为了实现"为人类的知识开辟一条新的道路"的野心勃勃的计划,圣西门重新开始了学习生涯;他到巴黎综合理工学院听课,之后从1801年开始又去医学院听课。这个不同寻常的学生和教授们保持着非常特殊的关系,对此他后来说到:"我用我的钱去获取知识。佳肴,美酒,我的钱包,时刻向教授们敞开,我对他们殷勤备至。所有这些为我带来我想要的一切便利。"

• 科学家的资助人

圣西门在夏巴奈大街上的豪华住所里款待蒙日、拉格朗日、卡巴尼斯、加尔、布兰维尔等当时数学、生理学和动物学界的领军人物。为了更好地起到科学的资助者的作用,也为了举办沙龙,他结了婚。他后来承认:"我把婚姻当作观察研究科学家们的一种手段。"共和9

年热月19日（1801年8月7日），圣西门同德·尚格朗小姐结婚。新娘是新郎的一位朋友与一位女歌剧演唱家的女儿，她得到父亲的认可和资助，从小爱好音乐和戏剧。此次婚礼亦是一场愉快的典礼，巴黎文艺圈的两位知名人士——作曲家夏尔·格雷特里和剧作家亚里山大·迪瓦尔——作为新娘的证婚人参加了婚礼。这对新人无论在年龄、爱好还是性格方面都有着巨大差异。婚姻只是短暂的相遇；或许是假结婚，为的是让丈夫把妻子从她父亲去世导致的财政困境中解救出来？不管这是一场什么样的婚姻，八个月后，它便以离婚收场，据说敏感的亨利·德·圣西门曾为此潸然泪下。

加斯帕尔·蒙日（1746—1818），18世纪著名数学家。

如果人们从这一时期的圣西门身上只看到一个爱空想而又带点儿玩世不恭的脑力劳动者，便是有失偏颇了。他是懂得慷慨的。他难道没有设立免费讲座讲述他从巴黎综合理工学院接受的教育吗？他难道不曾资助若干贫困青年学者吗？——例如年轻的数学奇才德尼·泊松，在长达三年的时间里,圣西门待之视若己出,此人后来成为 19 世纪最杰出的科学家之一。

• 早期著述

科学教育完成以后,1802 年,圣西门认为有必要把他的创新性理论公之于众。时局也是适宜的,因为多年来动荡的战争和革命似乎结束了。这年 3 月英法停战议和,8 月拿破仑被宣布为终身执政,法国获得了政治稳定,欧洲品尝到和平的滋味。圣西门认为向世人指点幸福之路的时机到来了。

出于这一目的,1803 年圣西门出版了《一个日内瓦居民致当代人公开信》。该作品出版于日内瓦,圣西门离婚后曾住在那里。文章中圣西门记述了他在睡梦中接收到的上帝的使命。作者使用了文学上的曲笔,如此谨慎取巧是为了让这篇文章能够出版,因为它完全是反基督教的,它宣告现存一切宗教的终结,代之以一个正确的科学宗教:"万有引力定律"的著名发现者牛顿的宗教。要建立起全新的世界秩序:"二十一名当选者"——从最优秀的数学家、物理学家、化学家、生理学家、文学家、画家和音乐家中普选产生——受委托组建世界政府,为的是让和平支配这个世界,让进步和幸福无止境地增长。

> **圣西门、欧洲和欧洲人：首次相会**
>
> "你知道，欧洲人是亚伯的子孙，亚洲和非洲居住着该隐的后代。你看，非洲人多么嗜血成性，而亚洲人又多么麻木不仁。这些邪恶堕落的人无权继续努力，以接近我的神明的预见。欧洲人将把他们的力量联合起来，把他们的希腊兄弟从土耳其人的统治下解救出来……这支军队将迫使该隐的后代信奉宗教，并将在全球建立起必要的机构，以保证牛顿委员会的成员们在进行他们认为有益于人类精神的进步的所有旅行中安然无恙。"
>
> 圣西门：《一个日内瓦居民致当代人公开信》

正是在这一文献中，圣西门首次提到了欧洲和欧洲人。从文中可以看出，在他同时代人所持的傲慢的种族主义观念之外，圣西门提出了一项计划：在欧洲和平（pax europeana）和科学宗教的共同影响下对世界进行政治改组。

事实很快证明了这是个虚幻的乌托邦，而那个锻造它的人将猝然遭到失败和贫困的折磨。

艰难岁月（1804—1813）

第一个打击：天主教在法国卷土重来。1804年12月2日拿破仑由教皇加冕，大张旗鼓地表明了天主教的复苏。在此之前，天主教已有复苏苗头，1801年波拿巴与教皇庇护七世签订《教务专约》，标志了国家与教会的和解；次年，夏多布里昂的《基督教真谛》出版，获得巨大成功，作者曾经考虑过把书名定为"基督教的道德美和诗性美"。

- **战事再起**

第二个打击：1803年5月，法英之间战事再起，欧洲重新陷入持续的战争状态。当反拿破仑联盟接踵而至的时候，欧洲大陆变成一个从涅曼河绵延到瓜达尔基维尔河的巨大战场。以民治的人民权利为基础构建新的国际秩序的革命理想，遭到法国革命者的抛弃和敌人的漠视嘲笑。

得胜的军队遵照首领的意愿不断把疆界向前推进。从汉堡到罗马，拿破仑建立起拥有110个省的法兰西，并在周边安置了拿破仑家族的诸多王国、亲王封地和公国。1807年在提尔西特，拿破仑向沙皇提议瓜分世界……

- **一贫如洗**

幻想破灭的同时，财产也见了底。八年前的十四万四千里弗到1806年已消耗殆尽。圣西门向赛居尔伯爵央求职位，后者给他提供了一份抄写员的工作，更确切地说是当铺的缮写员。每月工资仅一百法郎。"与世隔绝"——他这样形容道——他每天工作九个小时，晚上写作，这让他筋疲力尽，并开始咯血。《致经纬度测绘局的信》成书于这个时期，书中表露的精神上的骄傲，与他财政上的困境相呼应："*先生们，我认为我找到了优于培根的百科全书观，胜过牛顿的世界观，赛过洛克的方法论。*"可以想象，经纬度测绘局的人看到此信时该是怎样的惊恐，他们在回信中顾左右而言他，对他的思想不予置评。

• **新写作计划**

正当困苦潦倒之际，幸运之神开始垂青他：是年年底，他偶然遇到了从前的一个仆人迪亚尔。迪亚尔同情他的不幸遭遇，为他提供膳宿，提供继续进行写作和作品出版所需要的一切帮助。迪亚尔对昔日的主人说道："老爷，您现在的职位，与您的姓氏和才能不相称。请搬到我家里去住，您可以随意使用我所有的一切，您愿意怎样工作就怎样工作，您会得到公正的对待的。"——圣西门的《生平自述》中对此有记载。圣西门接受了。他离开当铺，在迪亚尔家里安顿下来。

意识到生命中一个新阶段的开始，他为自己确定了坐标。有自知之明的他作别过去却无法付之一笑,然而他的确振作了精神,下定决心实现他那些野心勃勃的计划。他含蓄地提到作品的失败,评说道:"社会上和读者中肯定存在某种对我的偏见;因为我所倾心书写的已经是我的第四部作品了,前三部都没有达到预期的效果……我的生活每况愈下;但是我没有虚度此生,因为我不仅没有堕落蜕化,反而始终在进步……我已年近五十,人们在这个年纪已经退休,而我的职业生涯刚刚起步;经过漫长艰辛的旅程,我正处在起点……当我的精神进入一次发现之旅,我的情绪就高涨起来,而我的行囊总是装备齐全。"

他的行囊的首要装备是一项宏伟的计划:出版一部新的百科全书。他说:"这项工作需要全世界一流学者的合作、二十年的工作和一亿法郎的资金。"1810 年他将前八页交付印刷,冠之以《新百科全书提纲,或 19 世纪哲学入门》,与此同时他发起一场签名活动。希望越大,失望越大,计划失败了。

在同一时期,圣西门抛弃了牛顿关于宇宙和社会的观点。他不再相信万有引力是组建社会的定律或者太阳系定律。他意识到不可能建立起这个"伟大而和谐的规律",从而转向他所称呼的"关于人的普遍科学",为此他思考的不再是科学和哲学,而是科学家和哲学家。

然而命运再一次对他穷追不放。1810年迪亚尔去世，圣西门失去了一位朋友——"我唯一可以称作朋友的人"——并且重新陷入无比悲惨的困境。

他重新联系上他的前合伙人列德伦男爵，后者在卡尔瓦多斯的弗莱尔城堡里过着阔绰奢华的生活。除了要求和解和查账——圣西门本以为这些提议会让男爵欠他的人情——之外，他还建议男爵设立一个慈善协会，目的是建立"一所讲授生理学和心理学的专科学校"——这两门科学一直以来由医生以病理学的形式来研究，圣西门认为应该从正常的角度进行研究。"这个研究体系

贫苦的呻吟

"先生：

"请救救我吧，我快要饿死了。我的境况使我失去了以体面的方式表达我的思想的手段，但是我的发现的价值与我迫于形势而采纳的表达方式无关……三个多星期以来，我的食物只有干面包和水，我在屋里没有生火的条件下工作，为了支付我的著作的抄写费以让我的作品为人所知，我卖光了一切，只剩下最后一件衬衫了。我热爱科学和公共福利，渴望找到一个温和的方法来结束整个欧洲社会所遭遇的可怕危机，结果却沦落到如此穷困的境地。因此，我可以心安理得地承认我的潦倒，并请求必要的救济，以使我能够继续写作。"

圣西门附在《人类科学概论》(1813)样书里的信

付诸实施以后,将成就最值得纪念的科学时代,这个时代会铭刻在人类精神的历史上。"男爵回信,视其要求和计划为无稽之谈。这样,圣西门恢复富足生活、重建科学荣誉的希望于1812年8月破灭了。

多亏几位朋友相助,他得以活下去并撰写他的两篇文章:第一篇写的是万有引力,文章重现了他对科学的最初兴趣——却不包含任何宗教性的预言;第二篇《人类科学概论》探索人类科学的新道路,就此问题他公开阐明了自己的态度。由于没有财力付印,他只是手写了几份清稿,分赠给若干科学家和法国皇帝。他还附上了发货通知单和同样数量的求助信。

他真诚的言语令他的腼腆和谨慎都一扫而光。除了个人处境,作者也提到了处在战争中的欧洲的形势。可以看出,他从宇宙立法者的象牙塔中走了出来,支持和平和人类。1813年对他而言,绝不只是一个年份,而是重大的转折。

1813 年，转折

这是可怕的一年，法国军队失去了它本以为已经征服了的欧洲。俄国军队解放了莫斯科，将拿破仑大军赶出俄国，1813 年 2 月俄军进占华沙，随后一个月内又占领了汉堡和德累斯顿。是年春天，在欧洲大陆的另一端，威灵顿指挥的英国远征军在维多利亚战胜了法国军队，法军被迫撤回比利牛斯山以北。10 月，拿破仑大军的残余与联盟军在莱比锡展开大会战，后者不断得到增援：俄国人，普鲁士人，奥地利人，瑞典人，巴伐利亚人。这场伤亡多达十万人的"民族之战"，见证了拿破仑的失败，他不得不下令他的士兵撤退到莱茵河西岸。两个月以后，12 月 21 日，奥地利军队在巴塞尔战胜了拿破仑的残军。这是入侵法国的开始。1813 这一年，法军开始节节败退。

所有这些深刻影响了法国人的情绪。"如此可怕的灾难，导致了前所未有的沮丧"，梯也尔在《执政府和帝国史》中指出。

这些情绪动摇和激怒了舆论，圣西门没有置身其外。在这些事件的冲击下，这位研究科学的哲学家中止了理论工作,进入了政治和社会领域。他改变了研究方向,转而关心当时的重大问题:和平,以及欧洲的再生。

进言政治

1813年11月,反法联盟诸首领齐聚法兰克福,讨论制定能保存法国体面的停战条约。此时的圣西门开始公开考虑和平问题,体现在两封信里——一封写给法国皇帝,另一封写给法兰西学院的物理学家和数学家们。

为了引起拿破仑的注意,圣西门略施诡计,给《论万有引力》加了一个副标题:《迫使英国人承认航海自由的手段》。这个副标题与正文毫不相干,却直接涉及到拿破仑正深受其扰的难题。英国海军对欧陆的封锁给欧洲带来破坏和饥饿,也损害了航海自由,因为所有来自欧陆或前往欧陆的船舶都遭到英国人的拦截——而圣西门的"手段"有可能打破英国海军的封锁。

献给拿破仑的信里的确包含这个目的。它言简意赅却铿锵有力,显示了圣西门对政治的关注。他摇身一变,成为皇帝的欧洲事务顾问。

他要传达的信息很简单:如果皇帝放弃征服,英国就将放弃对大陆的封锁。

拿破仑一世（1769—1821）。

"陛下：

"欧洲大陆的全体人民可能一致认为，应该使英国人承认航海自由；但是他们可能在另一方面也持有一致意见，即陛下应当放弃对莱茵联盟的保护权，撤出意大利，让荷兰恢复自由并停止干涉西班牙的事务。

"陛下如果放弃征服计划，就会迫使英国人重建海上自由；陛下已经拥有巨大的光荣，如果陛下还想要更多，您将使法兰西不堪重负，并最终与您的臣民的意愿背道而驰。"

另一封信被他附在寄给法兰西学院的物理学家、化学家和数学家们的《人类科学概论》的若干样本内。事实上，他对他们进行了猛烈抨击，指责他们是在欧洲造成大量死亡的可怕屠杀的同谋。

"如今你们有何权利占据科学的前沿职位？人类正处于危机中，这是人类有史以来遭受的最严重危机之一……你们做了何种努力去结束这场危机？整个欧洲在自相残杀，你们做了什么去制止这场屠杀？什么也没做。我有什么话要说？是你们令破坏的手段更完善；是你们指导军队如何使用这些手段。有人看到你们指引炮兵部队。是你们在管理攻城掠地的工事。"

"整个欧洲在自相残杀"		
战争造成的死亡人数,包括军人和平民		
第一次反法联盟	1792—1797	770 000
第二次反法联盟	1797—1802	200 000
第三次反法联盟	1803—1805	120 000
第四次反法联盟	1806—1807	300 000
第五次反法联盟	1807—1809	250 000
第六次反法联盟	1809—1814	600 000
合计		**2 240 000**

在结论部分,圣西门肯定了人类科学的至上地位,认为唯有它能够"通过改组社会来重建普遍和平"。由此,社会学和欧洲统一的思想同时形成了。

实际上,他心中的"人类科学"由两门基础学科组成:"社会生理学"和历史。有必要指明这一点,因为圣西门在1813年所做的这一发现将直接导致他对欧洲联合的想象。这一年他在《论万有引力》里所表述的,看似与1814年的《论欧洲社会的改组》相矛盾,对历史的思考在《改组》里比预言性的文字占了更多的比重。

圣西门写道:"先生们,请做如下的尝试,要求你们的对话人把观点置于对过去的思考的基础上,并把观点

成名之初的奥古斯坦·梯叶里,"伯爵殿下"的秘书。

放在遥远的未来,现在只起连接两者的作用,你们会发现他将被迫做出正确的推理。"

巧合的是,当圣西门的思想改变航向的时候,他的财政状况也有所好转。和堂兄弟们的遗产之争结束了。根据达成的协议,圣西门放弃全部遗产,作为补偿,他将从家族得到一笔年金。贫苦的生活得以终结。

这时的亨利·德·圣西门已经准备就绪去开启新的旅程。欧洲需要方案和规划,欧洲人需要预言家。如果说所有人——无论臣民或公民、士兵或外交官——都预感到和平已经临近、欧洲的政治改造不可避免,相反,却没有人知道这样的和平和欧洲会是什么模样。圣西门打算写点儿什么,他猜想这让他有机会避免已出版作品曾经遭受的漠视和嘲讽。他是有自知之明的,他分析了失败的原因,归结为两点:文风沉闷,思想又太过抽象。改正的方法只有一个:找一个秘书——现在他雇得起——这个秘书要有优美的文笔,文学历史修养要胜过哲学修养;找一名合作者,这个人写下来的文字或修改润色后的文字必须讨人喜欢,观点主张必须有论有据。

出于这一目的,1814年1月,他开始与奥古斯坦·梯叶里接触,后者是贡比涅中学的年轻教师,由朋友引荐给圣西门。

1814年,"伯爵殿下"结识"他的学生"

那时的奥古斯坦·梯叶里在贡比涅中学任教数月有余,负责给五年级的学生讲授文学。年仅十八岁的梯叶里可能令人吃惊,不过时代有利于年轻人的成长,即使他们没有从军。同年进入综合技术学校学习的奥古斯特·孔德刚满十五岁,他后来接替奥古斯坦·梯叶里担任圣西门的秘书。

奥古斯坦·梯叶里,1795年5月11日出生于布卢瓦的一个不富裕的家庭,父亲在该市的某个区任职,外祖母是修鞋匠。凭借其智力和非凡的记忆力,他很早就得以崭露头角。据说,四年级的时候,他背诵了几天前读过的维吉尔、柯提斯和凯撒的文章,令他的拉丁文老师吃惊不已,"小家伙,"老师对他说,"有一天你将进入法兰西学院!"未来证明老师说对了。

大学教育总长的使者发现了梯叶里的才华。这位使者在全法国寻找最优秀的学生,为他们提供巴黎高等师范学院——这是个专门为初中高中培养它们亟需的优秀教师的精英之地——的奖学金。

梯叶里十六岁进入巴黎高师学习，次年获得文学和理学业士学位，第三年获得学士学位。他随即接受任命，到贡比涅中学任教——从进入高师那一刻起，他已做好履行职责的准备。1813年10月是他第一个学期，也是他最后一个学期，因为随着事情的发展，他将走上一条截然不同的命运之路；一件事情似乎微不足道：他与亨利·德·圣西门的相识；另一件事情则更为重要：历史的发展。

奥古斯坦·梯叶里和发掘他的人

"1811年6月一个晴朗的日子，有人看到大学教育总长的私人朋友、督学长安布鲁瓦兹·朗迪先生来到布卢瓦。在公立中学校长的办公室里，校长向他推荐了全校最优秀的学生奥古斯坦·梯叶里。奥古斯坦·梯叶里被召见。经过一番考察、询问和评估，他们放心地问：他愿意当老师并将他的一生献给这项崇高的事业，或说得更好些，这项使命吗？巴黎高师就是以此为目的而设立的，他将去那里接受教育。他的家庭无需支付任何费用，校方提供食宿、浆洗和教育，他需要做的只有学习。

"奥古斯坦未经父亲的许可就接受了，他的父亲很快也表示了同意。

"于是奥古斯坦动身前往巴黎，学校9月份即将开学。"
安娜·德尼厄尔－科尔米耶：《奥古斯坦·梯叶里……》，法国南方出版社，1996，第25页

最初的往来

圣西门写信给这位年轻教师，邀请他担任自己的秘书（这封信的具体措辞我们不得而知）。圣西门认为随信附上一本《人类科学概论》会比较好，这样收信人可以了解圣西门所要求的那种工作风格。

1814年1月14日，梯叶里的回信巧妙地做了回避。他中肯地分析了彼此的处境："您为科学家而写作，而我应该为世间的人写作；我们的风格也不应该相同。您完全可以随意而大胆，而我就要谨慎得多。"接下来他坦承了他的担心：他收到的大作恐怕会"吓到那些不习惯思维训练、因此不能一下子上升到过于概括的思想之高度的读者"。最后，在信的结尾，他没有正面回答圣西门提的要求，反而向圣西门提了个要求："圣西门先生，可否惠予介绍几位报社主编给我？"

然而到了5月份，两人恢复了联系，并达成一致签署了合约。梯叶里成为圣西门的秘书，每月酬金定为两百法郎。

他们恢复联系时的情况我们无从知晓，不过不难猜测是什么让他们有可能并且不可避免地恢复联系：那就是历史的演进。两个人谁都躲不开它。

巴黎，1814年春

1814年春，奥古斯坦·梯叶里之所以出现在巴黎的街头，那是因为他自己也遭受到侵略带来的影响。1月，奥地利的前哨现身贡比涅郊区，机关工作人员接到命令离开贡比涅。梯叶里去了首都，寄希望于教师同行们的团结一致。他并不担心未来，相反，未来的不明确似乎唤起了这位外省青年的雄心壮志。

此时的巴黎人是发生在他们身边的战争的目击者。3月29日，一度被拿破仑的军队打得溃不成军的反法联盟军，如今大军兵临城下。次日，巴黎投降。31日，沙皇亚历山大、普鲁士国王腓特烈·威廉和代表奥地利皇帝弗朗茨的元帅兼亲王施瓦岑贝格，从圣马丹郊区到香榭丽舍，打马横穿巴黎，并在终点检阅了他们的军队。他们将在法国首都逗留一个多月。

- **复辟时期**

接下来的重大事件从军事层面过渡到政治层面。4月6日，拿破仑退位。11日，拿破仑同意被放逐到厄尔巴岛。次日，路易十六最小的弟弟达尔图瓦伯爵抵达巴黎。数日以后，其兄普罗旺斯伯爵——自从王太子死在丹普尔监狱，他就多次以路易十八自称——在法国登陆

一 两个空想家 | 35

1814年反法联盟军队胜利进入巴黎。

联盟军进驻巴黎：夏多布里昂的记述

"俄国皇帝和普鲁士国王走在各自军队的最前面。我看到他们在马路上列队行进。我的内心感到惊愕和沮丧，如同有人用数字取代了我的法文姓氏，从此我只得在西伯利亚的矿场度日。

"不过，反法联盟的首次入侵在世界历史上可谓前所未有：秩序、和平和节制处处可见；店铺重新开门营业；警卫队的俄国士兵，身长六尺，在嘲笑他们的法国顽童的带领下穿过街道……战败者似乎成了战胜者；因胜利而心忧的战胜者似乎希望得到战败者的宽恕。"

《墓畔回忆录》

沙皇亚历山大一世(1777—1825)。

普鲁士国王,腓特烈·威廉三世(1770—1840)。

并缓慢向巴黎进发。他于5月2日抵达巴黎,就在数小时之前他在圣图安发表宣言,做出如下许诺:在法国建立议会制,设立两个议院,保证自由批准税收,保障公共自由和个人自由、新闻自由、宗教信仰自由,无限制就业,财产神圣不可侵犯,国家财产一经出售不得收回,部长负责制,法官终身制,司法权独立……

这个复辟是双重的:它的确是波旁王朝的复辟,却也是大革命最初成果——它们曾被恐怖统治和拿破仑专制所取消——的复辟。在圣图安宣言的启示下,几周之后,亨利·德·圣西门觉得自己有了重新写作的权利:

"今天，法国可以联合英国担任自由原则的保护者了。"

这一想法似乎与战胜者的想法类似。战胜一方5月30日强加给法国的和约承认法国拥有那些1789年时还不属于法国的领土：阿维尼翁，孔塔-弗内森伯爵领地，尚贝里，阿纳西，蒙贝利亚尔，米卢斯，以及萨尔地区和巴拉蒂纳地区的若干重要城市。

这样一来，联盟一方显示出温和宽容的一面，但无论如何都是怀有私心的。实际上，反法联盟各国，起码在数年之内，都利用大革命和帝国期间的战争扩大了领土，它们在战争胜利后亦拒绝放弃这些领土。奥地利、普鲁士和俄国打算再次征服1792年它们业已瓜分完毕的波兰；奥地利将拉维内斯据为己有，这个地区1797年被拿破仑移交给奥地利，但1805年已被拿破仑夺回；普鲁士认为保留它自1791年以来通过继承或由于第一执政一时的仁慈而在莱茵地区、德国北部和中部获取的众多小块领土是合法的。至于英国，难以想象它会放弃英国海军获取的岛屿及商行：马耳他，爱奥尼亚诸岛，开普敦，法兰西岛……

这些野心反对恢复欧洲1789年时的疆界；它们要求达成一个普遍协议，在新欧洲划分新的疆界。反法联盟诸国在签订巴黎条约的同时一致约定，在两个月之内，所有卷入冲突的国家派遣全权代表前往维也纳，目标是召开全体会议,整顿欧洲事务。

- **撰写《论欧洲社会的改组》**

历史似乎为空想家提供了梦想成真的机会,实可谓机会难得。如此时机,圣西门当然不会失掉它。但是他应该迅速些,因为即使维也纳会议的开幕日期推迟到了1814年11月1日,他也只有几个星期的时间来思考新欧洲和撰写他的文章——的确,是在年轻秘书的帮助下进行的。

关于秘书的帮助的实质、这种帮助究竟起了多大的作用,我们不得而知;对此历史学家做了种种推断。

奥古斯坦·梯叶里的侄孙把叔祖排在第一位。他曾为他的叔祖立传并编辑出版了其书信集。他写道:"圣西门向他的新秘书陈述自己的思想,由于他没有才能把自己的思想落实到文字上,他把这个执行的任务委托给了秘书。这个年轻人抵制不住主人的诱导,加上自己天性热忱,便着手接管了此事。他在阿瑟那尔街区租了一间屋子,一个多月足不出户,满怀热情地专注工作。他独自进行思考。经过他的酝酿斟酌,主人的观点逐渐演化成他自己的观点。他用了三个月时间完成了这本小册子。"

其他历史学家认为该著的真正作者是圣西门,梯

> **他人眼中的亨利·德·圣西门**
>
> 奥古斯特·孔德的话：
>
> "嗯，这个人大约有五十岁。我可以说我从未见过哪个年轻人像他那么热情、慷慨。他在各个方面都有独特见解……通过工作关系和日常交往，我学到了很多我在书本中根本找不到的东西，我的精神在六个月里取得的进步超过我三年内独自一人能取得的进步……他使我有自知之明。"
>
> 奥古斯坦·梯叶里的话：
>
> "克洛德-亨利·德·鲁弗鲁瓦，圣西门伯爵，是18世纪大老爷的完美化身，这些人有丰富的想象力，狂热冲动又有怀疑精神，他们蔑视宗教，热爱制度，没有任何信仰，他们的幻想就是他们的信条。"
>
> 马克西姆·勒鲁瓦的话：
>
> "圣西门草率匆忙地度过了一生，他想看到一切，感受一切，了解一切；他什么都看了，什么都感受了，什么都了解了，他急躁而狂热，关注的永远是变幻不定的境域……他的思想杂乱交错而又狂热不安，以至于他只对他发现的那些新颖的、不为人知的和不确切的东西感到好奇并为之吸引。他曾写下如下惊人之语：'觉察到自己潜在的能力，是最大的快乐……'，终有一天'我将生活在未来'。"

叶里仅仅在文风方面做了些简单加工。最新的奥古斯坦·梯叶里传记的作者安娜·德尼厄尔-科尔米耶明确表示:"主旨内容是主人的,付诸成形则是学生的功劳。"

争论是永无止境的,不过这并不重要,重要的是作品本身,它吸引了今日读者的目光。尽管问世已近乎两个世纪,它讨论的问题却是我们当下的问题,很可能还极为敏锐地探讨了我们在不远的将来要面对的问题。

二

论欧洲社会的改组

我们节录了亨利·德·圣西门和奥古斯坦·梯叶里的合著的绝大部分内容,在此予以刊印。

不过,我们删去了三篇绪论:

——告读者。从中读者获悉"这部作品由于形势所迫所以匆匆写就","它本应晚些时候问世,本应有更多更重要的论述";

——前言。为了彰显新世纪的独特之处,作者在文中宣布"19世纪的哲学应该成为组织者";

——"致法国议会和英国议会"的献辞。在文中,这位查理大帝的后裔以极具浪漫主义的怀旧情怀回忆起中世纪欧洲,把它想象为一个封建本质的、教皇领导下的"邦联社会"。这个欧洲已被宗教改革、宗教战争、三十年战争等卷走……为了重建秩序和和平、一种能保证持久和平的新秩序,应该把欧洲的改组委托给法英两国——唯有它们是"欧洲自由原则的保护者"。圣西门同启蒙时代许多哲人一样推崇英国的政治体制,他认为英国政制是当时的法国君主制应该仿效的典范,并且值得所有欧洲国家在未来仿效。

一并删去的还有第一章的第3部分——圣西门在这里批评了圣皮埃尔神甫在1712年出版的《永久和平

方案》——以及第三章的第4部分"英国事务研究"。

第一、二、三章的原始标题分别是：论最好的政府形式。论证这种政府形式是最好的——欧洲所有国家都应该由一个国民议会来治理，都应该推动建立一个负责欧洲社会共同利益的总议会——以议会制作为政府形式的法国和英国，能够而且应该建立一个负责处理两国利益的共同议会。关于英法共同议会对欧洲其他民族的作用。

第一章 论最好的政府形式

本书的由来

一场剧烈的动乱之后，欧洲担心新的厄运，并感到需要一次长久的休息；所有欧洲国家的君主为了欧洲的和平聚集到一起。所有人似乎都渴望和平并且踌躇满志，但是他们根本不会达到预期的目标。我思忖为何所有的政治努力对欧洲的疾病都无能为力，我也看到对欧洲的拯救只存在于一种全面的改组中。我构思了一个改组的计划：阐述这个计划就是本书的主旨。

首先我将制定筹建欧洲所需的原则，接着我将探讨这些原则的运用，最后我将找到在目前形势下着手实施这些原则的方法。因此，本书第一部分会略显抽象，第二部分不及第一部分抽象，第三部分又不及第二部分抽象，因为第三部分只会谈论发生在我们眼皮底下的事件，我们全都身处其中，或为演员或为观众。

关于会议。维也纳会议

目前维也纳正在开会：它将做些什么？它能做些什么？此即我要探讨的问题。

通过协调欧洲各国的要求和利益，在欧洲各国之间重建和平，这就是此次会议的目标。人们应该期待这个目标得以实现吗？我不这么认为；以下是我做出这个推测的理由。

会议没有一个成员负责从全体利益的角度考虑问题；甚至无人获准这么做。每一位代表，无论国王的代表或国民的代表——他的权利、权力、使命都握在他手里——提出的方案都是代表自己国家的特殊政治方案，并力图证明自己的提案符合全体利益。

为了实现全体利益，特殊利益就将从各个方面被提出来。奥地利竭力主张，要确保欧洲的安宁，必须实现以下要求：奥地利在意大利享有重大裁决权；奥地利继续占有加里西亚和伊利里亚诸省；恢复奥地利在整个德意志的霸权地位。瑞典从地理角度提出，挪威从属于瑞典乃造化之意；法国要求把莱茵河和阿尔卑斯山作为天然疆界。英国自然而然地声称负责掌控海洋政策，并希望它的海洋霸权被视作政治体制最不可动摇的根基。

维也纳会议(1814.9—1815.6)。

看待维也纳会议的另一种方式。

梅特涅（1773—1859，左）和塔列朗（1754—1838，右），提倡欧洲的势力均衡。

这些以保障欧洲和平为名义的坚定要求，得到塔列朗、梅特涅和卡斯尔雷们的全力支持。它们也许是真诚的，却说服不了任何人。每项提案都会被拒绝；因为任何人，除了提案的制定者，在其中都看不到自己的利益，也看不到共同利益。与会者将由于彼此不满而分道扬镳，并互相指责会议没有取得什么成果；不会达成任何协议，不会调和任何利益，不会实现丝毫和平。那些特殊的邦联，以及反对共同利益的同盟，将使欧洲重返悲惨的战争状态，而试图把欧洲从这种状态解救出来的努力终将徒劳无功。

事情将更好地予以证明；良好的意愿、聪明才智抑或对和平的向往，都无法使之得以避免。多次召集会议，不断订立条约、协定、妥协，你们做的所有这些只会导致战争，你们无法消灭战争，你们充其量只能让战争换个地方。

然而，这类手段的一星半点的成就没有令任何人意识到自己其实力有未逮。人们在政治上墨守成规，尽管以往的经验向我们疾呼应该换个办法。人们埋怨疾病的威力，却不指责药方有缺陷；人们继续互相屠杀，不晓得屠杀何时结束，也看不到杀戮结束的希望。

欧洲处在动荡状态，人尽皆知，人皆言之；但是这种状态是什么样子的？它从何而来？它一直是延续的吗？它有可能停止吗？这些问题依然没有得到回答。

正如存在社会联系，也存在政治联系：应凭借同样的手段确保两者各自的稳固。一切人民会议，如同一切人的会议一样，应该有共同的制度，应该有一个机构：在此以外，一切通过武力解决。

想要欧洲靠条约和会议维系和平，等于要一个社会团体凭借协定和协议而存在：两者都需要一个有强制权的力量来汇合各种意愿，安排各种运动，巩固共同利益和承诺。

我们对于人们所说的"中世纪"时代表现出一种傲

慢的蔑视；我们只看到那个时代愚蠢野蛮、粗野无知、迷信而令人厌恶，我们没有注意到它是欧洲的政治制度建立在真正的基础上、建立在一个全体机构之上的唯一时代。

我不是说罗马教皇们并不贪权，我不否认他们办事全无章法、独断专横、总是惦记着经营他们的野心而不关注遏制国王们的野心；我也不是说教士们没有介入君主们的争端，没有为了更不受处罚地压迫人民而使人民劳累不堪。所有这些坏处，这些无知年代的恶果，并未摧毁这个制度的益处：只要它还继续存在，欧洲的战争就会寥寥无几并且无关紧要。

路德革命刚刚摧垮了教士的政治权力，查理五世就构思了他普世的统治方案，后来的菲利浦二世、路易十四、拿破仑以及英国人民对此方案做了尝试；随后亦爆发了宗教战争，它结束于所有战争中持续时间最长的战争——三十年战争。

尽管有这么多不容置疑的例子，然而偏见已然如此，以致最伟大的天才也无法与之抗衡。所有人都把16世纪当作欧洲政治体系的开端，都把威斯特伐里亚条约视作这个体系的真正基础。

不过，为了感受到强国间的均衡是可行的最为错误的办法——因为其目标是和平，却只导致了战争，可怖的战争！——只需研究这个时期之后发生的事就够了。

论可能的最好宪法

我要探讨的是,是否有一种政府形式,它的唯一的本质是好的,它建立在可靠的、绝对的、普世的、独立于时间和地点之外的原则之上。

如果我用迄今以来人们对待政治问题的方式来解答这个问题,我就只为没完没了的争论打开了新的话匣子;但是,把关于这个问题所有可能说过的话搁在一边,我在探讨中将仅仅借助于两个原则——所有论证的可靠性都建立在这两个原则上——推理和经验。

所有科学,无论属于哪一类,不过是一连串待解答的难题或者待考察的问题,它们彼此之间的差别只在于这些问题的本质。因此,人们用在某一门科学上的方法应该适用于所有科学,只要这个方法适用于其中某一门科学;因为这个方法仅仅是一个完全独立于它所应用的对象的工具,而且其本质丝毫不变。

再者,所有科学的可靠性都是从这个方法的应用中得来的,也由此,科学才变得实证,才不再是一门臆测的科学;这些只在那些充斥着含混、错误和不确定性的世纪之后才会到来。

科学上的观察方法直到现在也没有被引介到政治问题中；对于政治问题，每个人都有他看待、推理、判断的方式，因此，答案仍然缺乏准确性和概括性。

到了该终止科学的这种幼年时代的时候了，当然它的终止也是人之所愿：因为政治的不明朗引起了社会秩序的混乱。

什么是可能的最好宪法？

宪法应建立起一种不论怎样都要有利于公共利益的社会秩序的体制，因此最好的宪法是，该宪法下的机构组织和权力安排能让每个关系到公共利益的问题得到最深入最全面的处理。

不过，一切公共利益问题，只要它成其为一个问题，就应该用与解决所有其他任何问题相同的方法来解决。

无论解决哪一类的问题，都必须遵循逻辑向我们提供的两个办法，或更确切地说是包括两道程序的唯一办法，这两道程序便是综合和分析；通过综合，人们了解掌握研究对象的整体，或者说对它进行先天的研究；通过分析，人们将它分解，以从细节观察它，或者说对它进行后天的研究。

由综合得出的结果，应该由分析予以证实，反之亦然，由分析得出的结果，应该由综合加以证实；或者同理，一个问题只有相继被先天地和后天地研究了，对它的处理才是可靠和全面的。

这样假定以后，我认为最好的宪法是，这个宪法能保证每个关于公共利益的问题永远都能先天地和后天地依次得到研究。

而在一个社会里先天地和后天地依次研究公共利益问题，无非就等于从全体利益方面以及从构成这个社会的特殊利益方面依次予以研究。

故而现在唯需思考，怎样制定一部宪法使一切公共利益问题始终由我刚才所提到的方式得到研究。

为此，首要的条款是设立两个不同的权力。两者迥然相异，一个倾向于从国民的全体利益的角度考虑事情，另一个倾向于从构成国民一分子的个人的特殊利益的角度考虑事情。

我把第一个权力称作全体利益的权力，把第二个权力称作特殊利益或局部利益的权力。

两个权力均应被赋予构思和提议它认为是必要的立法措施的权利。

人们至今只看到两个权力目标一致而道路有别；不过，构成宪法的效力的基本条款是：一个权力的任何决定，如果没有事先得到另一个权力的审查和批准，不得付诸实施。

因此，所有从全体利益方面构思的立法措施，将从特殊利益方面被审查，反之亦然；抑或，回到逻辑项上说，所有被先天地构思的立法措施将被后天地审查，反之亦然。

这样一来，只会产生良法，因为没有哪项法律能得以通过和实施，如果事先两个权力在法律的制定过程中进行的协作没有证明它既符合人民的利益又符合个人的利益；同样的是，没有哪项公共措施将被采纳，在它经过逻辑方法的严密证明被证明是好的和明智的之前。

如我上文所说，两个权力的平等是宪法的基础，一旦一个压倒另一个，宪法就是有缺陷的，因为那样的话问题就只从一个方面被审查，全体利益就屈从于特殊利益，或特殊利益屈从于全体利益。应该设立第三种权力，可称之为调节或缓和的权力，目的是维持前两个权力的平衡并把它们遏制在合理的范围之内。

第三种权力应该有权对其他两个权力业已审查了的公共利益问题进行再次审查，有权绳愆纠谬，有权驳回它认为是有缺陷的法律，并且有权提议其他法律，这些法律应立刻交由前两个权力审查。

确定了宪法的原则，为宪法打下了根基，之后只需用次一级条款予以支持。这些条款规定宪法的行动，保证宪法的稳固。

这些可能随时间地点而改变的条款,应该是三个宪法权力的首要成果;次级条款的创立、更改、废除由三个宪法权力负责。

建立在我刚刚制定的原则上的宪法的良善,和一个好的三段论的良善一样确凿、一样绝对、一样普世。

我不认为这种宪法属于那些无法实施的理论,或空想的思辨——这些不切实际的理论或思辨的好处,充其量也就是让那些热衷写书的人练练笔。这种宪法已经存在并存活了一百多年,而这一百年的经验将为我的论证提供支持。有一个民族通过它而得以自由,并且成为欧洲最强大的民族。

论英国宪法

英国由议会进行统治,它是最高权力机关,由三个权力组成:国王、下议院和贵族院。这三个权力的本质、职能、特征是什么?接下来我要研究的就是这些问题。

• 国　王

有了观点的统一,人们才能一眼就把握一个问题的全部,由于一个人比多个人更能达成观点的统一:所以,全体利益的权力,如果人们希望它得到良好的管理,应该置于一人之手。

国王所感兴趣的是国民的伟大和荣耀,这也是他专有的,他不受制于那些把所有其他公民限制在国民的某一部分——也是公民最乐意归属的某个部分——的各种关系,因此,国王的所有提议只能从全体观点出发,只能考虑全体利益。

国王在法律的制定方面只拥有立法创议权和驳回权;但是,他是全部行政权的唯一行使人。

由于在制定法律和执行法律的权力之间存在如许差别,所以一个权力需要予以划分,以保证所有公共利益问题得到全面的讨论和解决;而另一个权力需要集中到一点,以确保执行中处处统一。

- **下议院**

正如一个问题要得到全面的了解需要某个个人单独地从概括的角度予以研究,同理,不放过任何细节并且同等准确地把握全部细节的关注力只应由某个团体中的人们来共同承担。

下议院由各省的代表和国家各个法团的成员组成,他们所在的团体代表了所有类别的局部利益或特殊利益。

这个议院和国王一样拥有立法创议权并有权驳回它

认为不合适的法律，它还在所有范围内行使一种权力，即我所说的特殊利益的权力，因为它的每个成员都倾向于优先考虑他所代表的省的利益或者他所在的团体的利益。

这项宪法条款让国王和下议院同等地参与法律的制定，由该条款导致的结果是，如同上文我谈到的两个权力的协作那样，任何有关全体利益的措施，如果违背了大部分的特殊利益，皆不能付诸执行；而任何有关特殊利益的措施，如果不利于全体利益，亦不能付诸实施。

• 贵族院

有必要担心的是，国王可能影响到下议院的决议，或者下议院影响到国王的决议；还需要担心的是，国王或下议院认不清真正的国民利益和特殊利益。必须弥补可能出错的地方，这既包括二者合作造成的损害，也包括无意中犯下的过失。

一个由舆论眼中的权势人物——这些人拥有非同凡响的出身、头衔、财富——组成的团体被置于国王和下议院之间。他们对已通过的决议进行再次审查，予以均衡和修订，或提出新的决议。

他们所行使的中间权力，就是我所说的调节或缓和的权力。

从另一角度来看，相对于国王和下议院而言，贵族院阻止了个人和法团向绝对权力演变的自然倾向,把它们限制在各自的范围内。贵族院能起到这种作用,靠的是它有权保留特权,凭借特权这个团体靠自己即可存活下去;因为一旦平衡被打破,国王压倒下议院或下议院压倒国王,国家随之变为专制的或人民的,那么在政府成员中,每个贵族院议员将被迫从政府成员沦为廷臣或子民。

论英国宪法(续)

除了把宪法建立在这些基础上,还应该保证这些基础不受损害。

国王代表整个国家的利益,正如下议院代表国家各部分的利益;在解决所有公共利益问题时,一个从唯一的普遍原则即国民利益出发;其他的从若干特殊原则即个人利益出发。

然而下议院由选举产生,而王位是世袭的。世袭权向人民保证了王位继承的平稳进行,但并不能保证凭借出身登上王位的人就是最能胜任的人。

如果国王缺乏宪法所要求的才干,宪法赋予他的这部分立法权将被支配得很糟糕;如果他不公正,行政权就会被用于私人报复或武断专权的行为,因为国王是行政权的行使人。

为了排除这些弊端,王权被一分为二,两部分性质相异;奢华、排场、荣誉以及主权的一切象征属于一个部分;另一部分负责管理事务:第一部分,通过世袭被传承,归统治王朝所有;第二部分,本质上由选举产生,委托给首相。

内阁有责任使人民处于安全中、不受任何权力滥用及不良管理的侵害。

王权的划分,使一方有荣誉没权力,另一方有权力没荣誉,亦使得继承和选举的优点为了人民的利益而结合起来,消除了继承或选举招致的任何弊病。

财政大臣并不由国王任命,而是由国民任命。国王只能选择那个在下议院获得多数票的人。

一旦多数派强烈声明支持某人,此人就入驻内阁,而原先的内阁解散,这不会引发骚乱或争执。

宪法的善造就了法律的善,随后良法又巩固了宪法。财产、个人自由、思考和写作的自由得到保障,它们在统治者与被统治者之间建立起更加密切的联系,也给了被统治者在国家事务中的发言权;所有这些法律是一个良好健全的机构的成果,它们为它提供它自身所不具备的支持,从而又使这个机构更为强大。

除了英国宪法的这些特殊条款，其他条款我跳过未予提及，因为它们只适用于英国人民。认为每国国民应该有它专有的政府形式（因为它只能有一种良好形式，也只有一种进行正确推理的方式）是不对的，孟德斯鸠即持此错误观点。但是，至少如下这一说法是对的，即对这个普世的形式需要根据接受它的人们的习俗和它确立的时间加以各种修改。

结 论

科学的观察方法应该运用于政治；推理和经验构成了这个方法的因素。当我用推理来探索什么是可能的最好宪法的时候，我被引向了议会制宪政；当我探查经验的时候，经验向我进一步证实了已为推理所证实的东西。近一百年来，英国完成了革命，在国内全面建立起这种政府形式，人们难道看不到它日益增加的繁荣和实力吗？和他们相比，还有哪国人民在内部更自由更富裕，在外部更强大，在实业技艺、航海和商业方面更熟练？这种无可比拟的实力，如果不归因于比欧洲所有政府更自由、更充满活力、更有利于国民的幸福和荣耀的英国政府，还能归因于什么呢？

第二章　一个负责共同利益的总议会

论欧洲社会的重新组织

我分析了欧洲古代的组织，指出了其优缺点，也道明了通过何种方式能够保留优点排除缺点。接下来我论证了一种本身是好的政府形式的存在，而这个政府不是别的，正是议会制宪政。这些论据自然而然导出了后面的结论。

假如人们用议会制政府形式代替古代的组织内一切等级形式或封建形式，通过这个简单的替换，人们将获得一个新的组织，它比先前的更完美，却没那么短命，因为它的善并不产生于必然随时间而变化的人类精神的某种状态，而是来自事物永不改变的本质。

概括我至此说过的所有的话，就是：欧洲将拥有可能的最好的组织，如果欧洲所有国民——各国国民皆由一个议会统治——承认一个居于所有国民政府之上的、被授权仲裁各国国民之间争端的全体议会的至高无上地位。

在此,我将不谈论国民议会的建立:根据经验人们已经知道其组织应该是什么样子的;我只指出欧洲的全体议会将如何构成。

论欧洲议会的众议院

任何地方出生的人,无论哪国的公民,总会由于他的教养、交往、提供给他的范例而多少养成一些深刻的习惯,即:将视线越过个人幸福的界限,将他自己的利益与他所在的社会的利益混同起来。

这个经过增强而演变为感情的习惯,造成了一种把他的利益推而广之的倾向,也就是说始终认为他的利益包含在共同利益之中;这种倾向有时会弱化,却从不会消失,它就是人们所说的爱国主义。

在所有国民政府里,如果它是个好政府,作为其成员的任何个人对它怀有的爱国主义会变成团体的精神或意愿,因为一个好政府的必要属性是:政府的利益也是国民的利益。

这种团体意愿就是政府的灵魂,它使所有国民团结到一起,所有运动得到审慎安排,使一切都朝着一个相同的目标前进,一切回应都出于相同的动机。

欧洲政府和各国政府一样,在达成所有成员的共同意愿之前,不可以采取行动。

然而,在一个国民政府里产生于国民爱国主义的团体意愿,在欧洲政府里只可能来自于一种更广阔的视野,一种更宽广的感情,人们可称之为:欧洲爱国主义。

孟德斯鸠说,是制度培养了人;因此,这种使爱国主义超越了祖国疆界的倾向,这种以欧洲利益而非本国国民利益为关注中心的习惯,对那些负责组建欧洲议会的人来说,将是建立欧洲议会的必然成果。

的确如此;但是,制度是人制定的,如果人没有全部事先得到培养或者至少做好相应准备,制度就无法确立。

因此,欧洲议会的众议院,也就是说欧洲宪法的两个有效权力之一,有必要接纳这样的人——由于他们有着较为广阔的外部联系,行为方式较少受本国习俗的约束,工作并不被限制在为本国服务的范围内而是以全欧所有民族为服务对象,因而他们更有能力迅速表现出博大的胸怀亦即团体精神,以及迅速实现全体利益亦即欧洲议会的团体利益。

大商人、学者、法官和行政官员,只应任命他们去组成大议会的众议院。

事实上,所有涉及到欧洲社会的共同利益的,都可以归入科学、艺术、法学、商业、行政和实业。

欧洲每一百万名会读写的男子,应向大议会的众议院派遣一名大商人、一名学者、一名行政官员和一名法官。这样,假设欧洲有六千万名会读写的男子,众议院就有二百四十名议员。

每个议员从他所隶属的法团中选举产生,任期十年。

众议院每个议员年收入应该有两万五千法郎,起码要有相当价值的地产。

的确,财产保障了政府的稳定,但是只有在财产与知识没有分开的时候,政府才能牢固地建立在财产之上。因此,为了才能与财产不被分开,政府应把那些有杰出成就却没有财产的人招募进来并让他们分享财产;因为才能是最大最活跃的力量,它如果没有与财产相结合,就会很快侵犯财产。

由此,每次新的选举的时候,二十位从最杰出却没有财产的学者、大商人、法官和行政官员中选出的成员应该被纳入欧洲议会的下议院,并被授予两万五千法郎的地产年金。

论贵族院

正如国民议会的每位贵族院议员都应该拥有令他在国内卓然不群的财富,同样地,欧洲议会的所有贵族院议员也应该拥有令他们在全欧洲卓然不群的财富。

每位欧洲贵族院议员应拥有五十万法郎的年收入,至少要有相当价值的地产。

贵族院议员由国王任命,人数不限。

贵族院议员称号是世袭的。

贵族院里有二十名成员必须从以下人或他们的后代中选出:这些人在科学、实业、担任法官或行政方面所做的工作被认为是对欧洲社会最有益的事。

这些成员将获得欧洲议会授予的五十万法郎的地产年金。

除了最初被任命的这二十人,每次议会换届的时候将选出一名新议员并且发给他年俸。

论国王

选择欧洲社会的最高首领,兹事体大,务必十分严格谨慎,因此我把相关讨论留到下一部著作中。作为本书的补充，它将在晚些时候问世。

欧洲议会的国王理应在职能方面居于首要地位，并决定两院的构成：应该由他发起行动，以确保大议会在建立过程中不发生革命和动乱。

王权应该是世袭的。

大议会的内部和外部活动

所有涉及欧洲社会全体利益的问题将被带到大议会面前，由它审查和解决。它是政府之间可能出现的争端的唯一仲裁者。

如果属于任何一个政府的欧洲人口的任何一个部分，希望另外组成一个国民或者希望由某个外国政府管辖，对此做出裁决的应该是欧洲议会。不过，欧洲议会并非从各个政府的利益而是从人民的利益出发进行裁决，并以构建欧洲邦联的可能的最好的组织为目标。

欧洲议会在财产和专有主权方面应该拥有一座城市和自己的领土。

议会应该有权向邦联征收一切它认为是必要的赋税。

所有对欧洲社会有普遍益处的事情皆由大议会管理：举例来说，它将用运河把多瑙河与莱茵河、把莱茵河与波罗的海连接起来，如此等等。

没有外部的活动，就没有内部的平静。维护邦联内和平最可靠的办法是不停地让它走向外部，并不停地使它忙于内部的重大事务。让比人类所有其他种族优越的欧洲种族遍布全球；让地球和欧洲一样适于旅行宜于居住，借此，欧洲议会不断在欧洲进行活动，使欧洲永远为之奔走不息。

整个欧洲的公共教育置于大议会的指导和监督下。

全体的道德准则也好，国民的和个人的道德准则也好，将由大议会细心起草拟订，并将在整个欧洲进行讲授。它将在整个欧洲证明，根据人类的本性和知识的状态，欧洲邦联赖以建立的原则是最好的、最牢固的，唯有它们有能力使社会得到最大程度的幸福。

大议会将允许信仰的全面自由和所有宗教的活动自由，但是它将取缔其原则与即将被建立的伟大道德准则相抵触的宗教。

由此一来，在欧洲各国人民之间的关系中，就会出现这样一些要素——它们是所有政治联盟得以构建的纽带和基础——那就是：制度的一致，利益的一致，准则的一致，道德和公共教育的共同体。

结 论

本章在日后补写时将是最长的一章,至于其原因,我已经说得足够多了。为了不使读者的注意力从重要的论述上转移开,我现在不再予以更多的阐述,那样只会把读者吸引到细节上,而现在还不是处理这些细节的时候。

第三章　法英共同议会的作用

论欧洲议会的建立,及促进其建立的方法

人们可能在很长时间内低估了对他们有益的东西,不过他们也总能明白过来并使用它们。

法国人选择了英国宪法之后,欧洲所有人民,当他们也发觉了英国宪法的好处,就会相继选择它。

然而,全部欧洲人民皆由国民议会统治之日,就是全体议会能够毫无障碍地得以建立之时。

这一说法的理由显而易见,我觉得无需多做介绍。

可是这个时刻离我们仍然很遥远,而在它来临之前,可怕的战争、不断繁殖的革命就会毁灭欧洲。

混乱状态将导致新的可悲的灾难并将持续下去,怎样做才能把欧洲从灾难中拯救出来?求助于技艺,并尽快找到消灭灾难的成因的办法。

我重复我说过的话。

一旦欧洲所有人民都生活在议会制下,欧洲议会的建立就会畅行无碍。

由此得出,一旦处于代议制政府之下的那部分欧洲人口大规模超过了仍然受专断政府奴役的那部分欧洲人口,欧洲议会就将开始被建立。

欧洲这种状态不是别的,正是目前的局面;英国人和法国人显然大规模超过了欧洲其余部分的人口,而且英国人和法国人都拥有议会制政府形式。

所以从现在开始启动欧洲的重组是可能的。

让正在交往的英国人和法国人在彼此之间建立起一个共同议会;进行交往的主要目标在于把其他人民吸引到自己这边,从而使自己变强大;因此,英法共同政府支持所有国家内部代议制宪法的拥护者;它尽全力支持他们,以便在所有服从绝对君主制的人民那里建立起议会;所有国家,一旦采纳了代议制政府的形式,就能够团结到欧洲社会中并且可以向共同议会派遣自己的代表,欧洲的组建亦将施施而行,没有战争,没有灾难,也不会发生政治革命。

论英法共同议会

英法共同议会的构成必须与我对欧洲大议会的构成的提议相一致。

法国人只占代表人数的三分之一;也就是说,每一百万名会读写的男子中,英国应该出两名议员,法国只出一名。

这么安排是重要的,原因有二。首先,因为法国人在议会政治方面还不大熟练,他们需要被置于英国人的监管之下,后者拥有更长久的经验;其次,因为同意了建立这个机构,英国为此可以说不得不做出某种牺牲,而法国只会从中获益。

通过政治联系团结起来,符合法国和英国的利益

法国和英国的联盟能够改组欧洲;这一联合迄今为止都无可能,目前却是可行的,因为法国和英国具有相同的政治原则和相同的政府形式。但是,要予以实现,是可能的就够了吗?大概不够,还需要人们愿意那样做。

英国和法国均面临一场巨大的政治动乱的威胁,两者本身都找不到摆脱动乱的办法。如果两者不互相支

援，必将手足无措；而且，凭借一个幸运而不寻常的巧合，两者对付一场不可避免的革命的唯一办法就是英法联盟，这一联盟有责任增加每个成员国的繁荣，终结欧洲的灾难。

关于法国事务的研究

法国采纳英国宪法，并非出于政治上的反复无常或意外的巧合；一百多年的工作已使法国做好接受英国宪法的准备。

罗马教皇的权威，国王们的无限权力，贵族和教士的特权，其权势赖以维持的财富，这些都是改组法国所必须扫除的障碍。

扫除它们的是如下舆论：应着手摧毁舆论当初树立的那些权力。这正是18世纪的成果。那时教士遭到嘲讽，专断的权威招致憎恨，贵族的声望一落千丈。

整个18世纪的工作成果《百科全书》，把一切维持事物旧秩序的根深蒂固的偏见和权威的谬见同时打倒，给它们带来决定性的打击。

由作家准备的革命，由于美洲战争而加快到来。合众国的捍卫者们从一个自由而受压迫的民族那里带来了关于自由、自由制度的思想以及对一切专制的憎恨，它们很快在一部分国民中蔓延开，这时危机便开始了。

国王的权利、贵族和教士的权势的基础已遭到动摇，反抗只是徒劳的。他们的财产被查封，他们被剥夺了权利，国王本人也未能幸免。

路易十六爱他的人民；他具有成为好国王的一切条件；但是，如果换了提图斯执政，提图斯将像他一样垮台。他的坚定和他的虚弱都救不了他，他甚至并不具备坚定的品格。人们攻击的不是君主，而是王权；出身的偶然让他登上王位，王权招致了他的下台。

法国大革命的所有热情、所有疯狂、所有恐怖，都再现了英国革命。两者的目标是相同的；两者都由同样的事件引发；因此，人类精神的进程的确是统一而持久的，它并不随时间或地点而改变。

两场革命是如此相似，以至于可以同时勾勒出它们的共同特征，然后运用到每一场革命上。

根据各自的标志性事件，两场革命都划分为五个不同的时期。

- **第一个时期**

知识的进步凸显了旧的社会秩序的弊病，也让人感到需要一个新的组织；实施这一有益改变的愿望征服了所有人；国王，要人，人民，都愿意出一份力；人们只有一个目的、一个倾向、一个愿望，即公共幸福；人们下决心得到它，不论付出任何代价；私人利益在全体利益面前消失了。

- **第二个时期**

魅力终止，人们在牺牲面前退却，尽管更长远地来看这些牺牲并没有什么；人们为轻率的热情感到后悔；原本热烈、急躁、对全体利益漠不关心的感情，变得更加冷静、更加审慎；人们盘算得与失；好些人怀念旧的事物秩序，他们竭尽全力地阻止新的进步，反对新进步的拥护者；革新者们从他们所动员的下层人民中寻求支持；民众团体纷纷建立。

- **第三个时期**

所有权力掌握在最无知的阶级的手里，因而遭到不当行使。无政府状态出现。内战和饥荒造成了公共灾难。

- **第四个时期**

混乱达到顶点，疲惫的人们力图回归秩序和服从，一个人的专制显得不及民众的专制那么讨厌；不论哪个人敢于统治，他肯定会得到欢迎。在这种情况下，人群中涌现出野心勃勃的勇者,一个是克伦威尔,一个是波拿巴,凭借自己的坚定意志,凭借自己满足了公众的需要,他从下层人民手中夺回权力并且把权力集中到自己手里;正如唯有军事力量能够镇压人民的力量,一种尚武的统治出现在民众的无政府状态的废墟上。

- **第五个时期**

经历了诸多骚乱动荡,平静重新出现。人民之中健康良好的那部分起初想要的改变,现在顺利得以实施。国民最终迎来了过去所向往的社会秩序,这一次没有发生动乱或骚动。

以上就是英国革命和法国大革命的简史:我把验证我对前者的分析这一任务留给读者;至于后者,我们中间年满五十岁的人,谁没有留存对国民议会的美好岁月、对立法议会的狂热、对国民公会的暴行的不同记忆呢?谁不曾对法国此前的专制感到愤怒?经历了漫长的流亡,路易十二和亨利四世的后代凭借祖先的美德,为我们恢复了与我们的知识相符合的制度,看到这些,谁不会感到欢喜呢?

正如存在数字的数列一样,亦存在事件的数列:两个数列的四对相同项之后,相同项就有无限个。不过,如果把法国革命和英国革命看作两个事件的数列,那么它们拥有五个相似项,而法国大革命的第五个项就是目前的态势。因此,可以确信地说,如果在英国革命中有过第六个项,那么在法国大革命中也将有一个相同本质的、与英国革命的第六个项相对应的第六个项。

克伦威尔(1599—1658),第一次英国革命之父。

英国革命的第六个项,是斯图亚特王朝国王的流亡。

这样的灾难对法国而言是可怕的,然而循着事物发展的自然趋势,我们正面临这场灾难的威胁。现在不应该自我欺骗抑或对这个不断前进的未来避而不见;应该阻止它,消灭它,而这不是人们不去想它就可以办到的。

法国发生一场新的革命的原因

法国从前存在一个享有特权的种姓,所有荣誉和所有重要的职位都属于它。人数被波拿巴增加了一倍的贵族，现在分裂成互相对立的两部分，皆颇为不满。习惯了把国家一切重要职位看作自己的家产的旧贵族，愤怒地看到大量新人坐到了过去由他们的祖先所占据的职位上。以财富为荣的新贵族，胜任已超出自己贵族身份的职务，他们反对别人把应该归功于他们的才智的事情归功于他们的出身；他们自以为唯有他们能胜任的职位，被分派给一些业务不熟、游手好闲抑或流亡的旧人，这让他们难以忍受。

军事阶层历来是法国的头等阶层，旧人和新人之间的斗争尤其表现在军事阶层中。曾效力于波拿巴、有过辉煌战绩和辉煌胜利的一部分军官，被迫降职为领取半饷的军官。当这部分人终日目睹新组建的部队及其既无功劳也无苦劳的部队长官时，他们是痛苦的；尤其令他们忿忿不平的是，皇帝的一群外表光鲜的侍从，毫无战绩和作战经历，却位居这支曾经横扫欧洲的功勋部队之上。

另一方面，旧贵族要求收回所有的军队职位。他们认为他们曾经占有或未曾占有的职位都落入了他人之手，如今他们要求全部予以收回；在诸多对立的利益和敌对的要求中，出现了一种普遍的呼声，即对过去的悼念和对现状的不满。如果我们的目光从社会的头等阶层过渡到第二阶层，我们首先会看到法官及所有相关人等因丧失了政治权势和高贵名誉而蒙受耻辱；如果司法秩序无法保证恢复法官的旧特权,它至少能指望看到大法官们像英国那样在议会里占有席位。

商业等级、银行家、大商人以及制造商等等,缺乏一家可靠的、完全独立于政府的银行,得不到对实业的支持和对实业中有卓越成就的人的重视:这个阶层对一国国力至关重要,却仍然受制于贵族的意见和要求。

在没有财产的阶层,只有一个呼声,即反对权利合并,由此产生的征税方式令人想起最可恨的专制。

法国港口和沿海的居民抱怨只能在沿海航行,无法自由从事大航海。我们最重要的殖民地的失去和英国人的专制是其障碍。

所有社会阶层,所有法国人,都不满于政府在丧失比利时之际表现出的软弱;人们气恼地看到奥地利得到波兰的一部分和伊利里亚诸省从而扩张了领土;俄国得到克里米亚半岛、芬兰以及亚洲的辽阔属地;普鲁士得到西里西亚和波兰的一部分;而法国被侮辱被削弱,退回到旧的边界。

法国发生一场新的革命的原因(续)

受挫的利益、落空的希望在国家各阶层中激发的所有怨言汇集起来，声讨政府的不坚定、不坦率。

自从推翻了旧的政府形式，二十五年以来法国相继通过又抛弃了十部不同的宪法；这些尝试同时伴随着党派狂热引发的可怕暴行，可以说，人们通过这些尝试从事物的旧秩序一步一步地抵达了当下的秩序。今天，疲惫的国民栖息在代议制宪法下，该宪法似乎是而且理应是国民全部愿望的终点，因为这种政府形式是最好的政府形式。因此无需再担心革命会改变国家的宪法，因为宪法在舆论看来是不可动摇的，而且，如果我们面临一场政治动乱的威胁，它针对的不会是宪法权力，而是支配这些权力的人们。

自从建立以来，法国议会的所有活动都令大多数人民怫然不悦；它在国民政策和对外政策方面都表现得软弱无能；人们本来期望它把确保新闻自由、个人自由和内阁的职责作为自己的首要责任，对被统治者而言，这些原则是使他们不受压迫的唯一保证。

让我们从对议会的整体研究，深入到对构成议会的三个权力的研究。

除了一小部分人——他们已如此知名，在此我无需提到他们——以外，波拿巴专制下习惯了奴役的议员们，不敢相信自己除了作为被人随意利用的工具之外还能有别的作用；人们看到法国议会的众议院里绝对权力的拥茊；没有了宪法则一无是处的一些人，凭借他们所拥有的一个宪法权力与宪法作对，而且，很奇怪的是，他们更喜欢受到某位内阁大臣的保护，而不喜欢成为国家的某个大团体的成员。

同样的勇气存在于一小部分人中间，这些人明白自己的权力有哪些并且循规蹈矩地运用这些权力。同样的懦弱存在于一大群人中间，这些人毫无主见，随波逐流，他们就是贵族院的成员。这个贵族院尚且不是世袭的，它完全掌握在国王的手里。

议会的活动不尽正确，两院在宪法问题上的观点分歧导致的政府观点的错乱，以上这些弊端又被国王加重了；国王的旷达和性格使他远离了一切绝对权威思想，然而，尽管并非自愿，他却被儿时习惯的力量和周围人的建议重新拉回到绝对权威思想上：一方面他的智慧在煽动他，另一方面他的教养又在将他召回；这是两个同等强大的力量的较量，其中，一个力量被另一个压制又反过来压制另一个，这个较量反复不定，随着推动力的变化而变动，由此造成的来回摇摆，使国王的决定变得十分杂乱无章。

议会在已被摧毁且无法恢复的事物秩序和人们所向往的然而尚未确立的事物秩序之间优柔游移。所有错误和抱怨即产生于此。

希望调和不可调和的东西，是一件可怕的事；当专断的政体和代议制政体的奇怪混合令人吃惊不已的时候，国王就转而做其他事情，他既是绝对君主又是议会君主；众议员处在某位无所不能的内阁大臣的保护之下；而那些贵族院议员，则无非都是国王意志的奴隶。在一个混合的政府形式里，代表制不过是个毫无意义的工具，根本无法反对权力的滥用，这就是我们今天所看到的情况。两个无法共存却被迫并行的事物秩序之所以混淆在一起，唯一的原因在于支配宪法权力的人缺乏经验。如果法国议会制政府确立的同时，所有人在前任政府期间养成的习惯都被摧毁了，每个人在受到启发后都能对社会构建有正确看法，那么目前的怨言就会较少一些，而我们的痛苦也会随之减少。经验应该能够教育那些统治我们的人，可能时间也应如此；然而利益的到来终究缓慢，不幸却瞬间降至，经验则姗姗来迟。

我们不要忘了，英国政府仍然在托利党人手中；托利党人曾竭力阻止法兰西民族变成现在的状态，结果只是徒劳一场，现在他们试图再次使法兰西民族落在后面，并试图阻碍已然摇摆不定且不可靠的法国政府的运转，我们将看到法国处在火山口，而它的爆发将极其可怕，而人们迟迟不去扑灭它这一行为所可能造成的破坏倒在其次。

革命的走向

国民的不满,英国的诡计,政府的软弱无能,使法国出现了再次爆发革命的危险。

这次革命的打击目标是谁呢?

是众议员?可是众议员的任期有限,革命只能从他们那里剥夺一种他们无法一直保留但也有望重新获得的权力。是贵族院议员?可是贵族院议员称号尚非世袭,每个议员都可以辞任,除非他与世长辞。是国王?这就大不一样了,王权是世袭的,王位是王室的独占领地和独有的存在方式。

如此一来,这场无力反对两个议院的革命,将全然是冲着国王和王室去的;这场可怕灾难的原因在于法国的王权尚未被分割。

如果行政王权与世袭王权相分离,政治动乱只威胁到行政权力,革命打击就只会落在诸位内阁大臣头上而不会触及国王;但在两个王权被集中在一起的时候,如果不共同予以打击,其中无论哪一个都不会被打垮。

内阁的责任是王朝最可靠的保障和最坚固的壁垒。

今天,由于残存的旧政府形式的某些习惯,一部分国民把一切归于国王,把国王当作一切的中心和动力,其他权力只被视作王权的散发物。人们没有足够地留心去摧毁这个观点，法国人对君主的爱戴又令它得以持续，因为人们喜欢认为他们服从的是他们热爱的人。这个观点对国王的利益是最糟糕的，对王室是最致命的，最适合把不断前进的革命引到自己头上；因为，所有怨言都出自对人们眼中一切问题之根源的不满；人们指责国王导致了所有不幸，把全部错误归咎于他。

如果厄运无法挽救，我会保持沉默，免得法国白白受到一场无法避免的灾难的先兆的伤害；但是，由于我们还没有被逼到绝路，由于我们面临的危险可以从我们这里转移走，而且重要的在于指出危险如何才能被转移走，所以，这时我若缄默不语，我就是有罪的。

在法国避免第二次革命的手段

我讲述了哪些是威胁法国的革命的原因；原因有若干，只需一下子就可以把它们全部摧毁。

当一个民族的自尊受到伤害的时候，整个民族的痛苦延及个人，并使得每个人对个人的不幸有着更为强烈的感受；一旦民族自尊得到满足，一切个人的不快就消失在全体的满意当中。

一旦通过一种政治联系与英国相联合，今天处在衰弱中的法兰西国民将在欧洲起到首要作用,与法国一同失势的法兰西的自尊亦将与它一同恢复。

到那时,所有要求将被遗忘,所有利益被混合到一起,所有自尊心得到满足;或者至少目前因如此多的暴力而焦躁不安的情绪将衰退并将很快消失。

法国将分享英国在与地球上其余地区的联系中所享有的一切优势。海洋帝国变成法兰西国民所共有的,它将推广商业,扩大实业,振兴法国衰落的航海业。

一种让流通更加活跃的纸币对于法国实业的充分发展是必要的:由英法共同议会建立一所两国共有的银行,它将满足商业阶层的愿望。

最后,通过与英国人——我们在国民政治上的导师——的密切交往,法国的公众舆论将建立在牢固的基础上;凭借英国议会和英法共同议会的影响,法国的新议会将被引向真正的宪政方向,而且,英国议会和英法共同议会将摧毁由旧习惯和新观点之间的斗争所造成的犹豫不决,从而改善政府的运转。

对法国和英国的思考的概要

我上升到了关于法国和英国的共同利益的层面。

专注的读者同我一道上升到那个层面，从中发现了治疗两国疾病的药方，现在让他们再深入到人们至今唯一的一个正在考虑的并将重新考虑的国家利益之联合问题；他们会觉察到什么？存在于内部和外部的对抗、战争、灾难。

英国因革命的临近而惊恐，故而大力扩展自己的政治力量；它冷酷无情地在欧洲策划新的战争，在法国策划新的灾祸；它支持黑人的利益，并在黑人的兄弟的领土上大肆破坏。整个欧洲都对华盛顿地区的大火感到愤怒，[①]然而，无论其诡计还是其压迫政策，抑或它自认为不得已而犯下的、连它自己也感到不寒而栗的罪行，都拯救不了它；至多能把它面临的危机推迟而已。

想象一下，念念不忘要把所发生的一切都扼杀掉的英国，为了使其他民族变得贫穷，自己负债累累，为了削弱其他民族，自己走向了衰退，正如对英国的问候仅仅存在于所有民族的苦难和损耗之中；看吧，英国为自身的可耻行为感到恐惧，并且还在酝酿新的暴行，为了把这个不安的动乱的悲惨状态再延长几天，它招致了人类的所有仇恨，外部的实力和繁荣之表象掩盖不了仍在

---

① 1814年8月25日，英军攻占华盛顿，焚毁了国会大厦和白宫。
——中译者注

增长的恐惧。接下来，想象一下英国与法国联合，英国的不可避免的失败被这个联合所拯救；英国变得强大而幸福，罪行和恐惧都消逝殆尽，只要其他民族的繁荣不使它失去自己的繁荣。告诉我，这两种情形哪一种更好。

推翻旧的政治体制的危机过后，法国并未形成一个新的政治体制。

让法国宽宏大量地把英国的债务看作必须付出的努力的后果吧，付出努力是为了保证自由在欧洲有一个祖国并从那里向所有国民传播，同时，法国分享了牺牲的成果，也应同意分享牺牲的负担；出于同样高尚的冲动，让英国与法国共享一百年的自由在英国身上积累的优势吧。

庞大的债务不会吓倒英法任何一国的人民：它将逐渐减少；因为随着一个变得自由的国民团结到英-法社会中，债务将成为双方所共有的，并与双方的财富成比例。

因此，尽全力支持欧洲的改组，符合英-法联邦的利益。

在经营自己的利益时，人们越少阻碍别人的利益，就越少遭到别人的对抗；人们就越容易实现自己的目标。因此，那个重复了许多遍的箴言——人们只有从他人的幸福中寻找自己的幸福的时候，才能够真正地幸福——与下面的箴言同样确凿，同样真切：一个朝着某一方向行进的团体如果在路上遇到朝相反方向行进的其他团体，前者的行程就会被中断或耽搁。

论德国

欧洲有一个民族似乎被自己的政府弃置于欧洲碌碌无奇的诸国民之列，然而，凭借自己的特性、科学和哲学，这个民族与那些国民之间拉开了无限的距离。

最纯粹的道德，永世无欺的真诚，经得起一切考验的正直，被德意志国民集于一身。在最可怕的战争、最残酷的敌视、最难以忍受的压迫下，其特性并没有中断。从来没有一个法国士兵因背叛而在这个蹂躏法国的国度里丧生。

几乎完全被剥夺了海上贸易的德国，没有沾染上唯利是图的品性，这种品性使精打细算取代了美好的感情，把伟大和高尚的东西引向利己主义、引入遗忘之境：在那里，人们并不像在英国那样询问，这般人物价值几何？也就是说，其身家几何？在那里，价值并不以财富来衡量。

尤其值得注意的一件事，是这个民族的特性——本性善良，风俗纯朴——蔓延到了统治者身上；那里的专制权力是温和的，是慈父般的。

一国国民可能呈现出三种模样或处于三种不同的状

态：第一种是在一个专制政府下卑躬屈膝，是在专制政府的奴役中自得其乐，并且认为没有什么比统治者的恩典更令人向往，没有什么比恩典带来的荣誉更为高尚。

第二种是已经晓得凭借哲学知识和崇高的感情提升到人们所处的社会状态之上；是摆脱了必须靠奴颜婢膝才能换来恩典的观念；是已经意识到在更远处有某样东西与人类更相称，并且在与事物的进程相斗争却无意予以改变的时候，已经开始向这样东西进发。

第三种，可能是最好的一种，是产生了一个政府——每个人都可以是政府的成员，只要他是适合的；是把他的全部关怀、全部工作、全部知识用于支持和完善已建立起来的社会秩序。这最后一种状态是英国和法国的状态，第二种状态是德国的状态。

伴随着奴役的衰减而提升到最崇高的感情之高度，凭借思想的独立摆脱绝对统治的束缚，也许是美好的；但是我认为更美好的是，已经晓得去建立一个自由的政府，在这个政府之下人们能够得到休息，不必奴颜婢膝，也无需含耻忍辱。

德国已经脱离其社会状态向前方奔去，把其社会状态抛在了身后；英国和法国已经提升，并且已经把自己的政府提升到自己的高度。

论德国（续）

德国目前有爆发一场大规模动乱的迹象；自由思想在所有头脑中萌芽：人人都说，一场革命即将来临。对英国革命的回忆，以及更近的对法国革命的记忆，使德意志国民惊恐不已；它不敢相信自己注定该遭受如此多的不幸，它希望自己的国民特性能拯救自己；它错了。

无论何种国民特性，均无法与事物发展的自然趋势相抗衡，而此处涉及的问题恰恰在于事物发展的自然趋势。社会秩序未发生变化，所有权亦毫无改变。对公共利益的热情首先能让人们赞同变化所要求的牺牲，此乃一切革命之第一阶段；但是人们很快后悔，人们拒绝牺牲，此乃第二阶段。然而，如果没有财产的人们不拿起武器，有产者们的抵抗就不会被制服；内战、流放、屠杀，悉出于此。

谁能保护一国国民免遭这些灾祸？谁都不能，除非有一个外部的保护，这个保护支持新社会秩序的拥护者，并打击反对革命的有产者。

英国革命的灾难无法避免；因为欧洲那时没有哪种力量能够促成一个自由政府的建立。

法国可以被英国拯救；英国却拒绝援手。英国不仅根本不救火，反而力图火上浇油：结果是法国血流成河。

昨日之英法，即今日之德国：德国面临着同样的灾祸，而同样的援助可拯救它。

再者，德国特有的境况有可能会加剧革命暴力；它比英法有更多的事情要做。它不仅应该更换宪法，还应该集结成一个独一无二的组织，把诸多分散的政府汇集到一个政府之下。分裂的德国俯仰随人；只有团结起来，它才能变得强大。

英法共同议会的第一项工作应该是加快德国的改组，其方法是缩短德国的革命、减少革命的可怖程度。

德意志国民，凭借它占欧洲近半数的人口，凭借它的中心位置，更凭借它高尚宽厚的特性，一旦在一个自由政府下联合起来，它注定会在欧洲担任主角。

当英－法社会因德国的并入而扩大的时候，届时一个由三国国民共有的议会将建立起来，欧洲其余部分的改组就会变得更迅速更容易；因为，被指定作为共同政府的一部分的那些德国人，他们的观点将包含了纯粹道德以及令他们与众不同的高尚感情，凭借榜样的力量，他们会使那些因商业事务变得更加自私自利、更关心专有利益的英国人和法国人提升到德国人的高度。届时，议会的原则将更为自由开明，议会的运作将更为公正，议会的政策将更有利于其余国民。

结 论

在此文中,我要表明的是,唯有一个与知识状态相符合的政治体制的建立,和一个得到授权、能够抑制诸民族和诸国王的野心的普遍权力的创立,才能在欧洲建立起一种安宁稳定的秩序。从这方面看,我提出的组织计划只是起附带作用的,因为,即使这个计划遭到否决,即使它基本上是有害的,只要任何一个其他计划当时被采纳了,我就可能去继续做我手头上的工作了。

从另一方面看,我所提议的计划又是本文最重要的部分。很久以来人们一致认为政治体制的基础已经被摧毁,应该重起炉灶另建一个;然而,这种广泛流传的观点,还有那种因厌倦革命和战争而导致的要贪婪地抓住一切重建秩序和安定的手段的心情,并没有让任何人走出旧的惯例;人们在旧原则上裹足不前,仿佛他们无法拥有更好的原则;人们用尽办法来配置旧体制的因素,却无法构想出任何新的因素。我所阐述的组织计划,是第一个具备了新的、普遍的特点的计划。

欧洲社会的改组计划如果由最强大的君主之一来构想,或者至少由一位通晓国家事务并因自己的政治才干而知名的政治家来构想,也许是适当的。这个计划如能得到一个位高权重或声望显赫的人的支持,就有可能更迅速地吸引到人才；然而人类智慧的弱点阻止了事态的这种良性发展。由于更优体制的缺席，那些日常事务的负责人迫于无奈总要按人们所坚持的旧体制的种种原则来思考问题，从而导致南辕北辙；当他们的注意力不断被重新引向旧体制和旧的联合的时候，他们能够在头脑中构想并孕育出新的体制和新的联合吗？

在努力完成了这些重要工作之后，现在我站到欧洲人民的共同利益的立场上看问题。唯有通过这一立场，人们才能看到我们面临的灾难以及避免灾难的手段。假如那些管理国家事务的人能把自己提升到与我同样的高度，他们都将看到我所看到的东西。

公众舆论分歧的根源在于，每个人形成的观点太有限，又不敢背离他的既有观点，并坚持以既有观点看待事物。

对于公正的头脑而言，只有一种推理方式，也只有一种观察他们是否从事物的同一面看待事物的方式。如果拥有同样高尚的感情、同样公正的判断力、同样的对公共利益的热爱和同样的对国王的忠诚的人们具有截然相反的观点，

孟德斯鸠（1689—1755），分权学说的理论家。

那是因为每个人有他自己的、他不愿放弃的看法。如果人们站得更高些，如果人们站到我希望他们能站到的地方，那么所有的观点都将融合为一个观点。

届时，通过一场良性的变化，一场将使国家受益的变化，我们将看到，所有心灵得到提升，所有头脑得到启发，孟德斯鸠们和雷努阿尔们，当布雷们和朗瑞奈们，以及其他诸多因观点而不和、因感情而聚集到一起的人，全都会朝着一个相同的目标行进，并且在共同的道路上携手并进。

也许会出现这样一个时代，那时欧洲所有民族都感到有必要在深入到国民利益之前先处理普遍利益问题；届时，灾难将开始减少，动乱开始平息，战争开始消逝；那正是我们孜孜以求的目标，是人类精神的发展进程带我们去的地方！然而最符合人类的需求、最值得人类为之或刻苦求索或奋力拼搏的，究竟是怎样一个时代呢？

在诗人们的想象中，黄金时代是早年处于蒙昧无知和粗鲁无礼中的人类的摇篮时期：更确切地说是应该予以超越的铁器时代。人类的黄金时代并不在我们的身后，它在我们的前方，它存在于社会秩序的完善之中；我们的祖先并未看到它，我们的后代有朝一日将抵达那里：为他们开辟道路的，是我们。

三

圣西门的欧洲构想与历史对它的考验

一项预言的故事：厄运与好运

查考一篇预言性文章的命运，就是查考后世对它的接纳度和今天的人们根据历史对其价值的认可度。

在这一点上，《论欧洲社会的改组》的命运充满了波折：首先，它在长达一个世纪的时间内销声匿迹，被人完全遗忘了；后来它又被重新发现并重获重视。

至于历史对这篇文章的评判，则常常观点迥异。历史学家凭借手中的证据，时而承认圣西门的预测正确，时而又判其有误。由于证据不足，历史学家也会中止对该文的评判。而圣西门的预言至今依然是一个乌托邦——这种情况究竟要持续多久？

1814年这篇著述最初遭遇的不幸，是被自己的作者遗忘了。尽管两位作者在"告读者"中许诺将来会增加"重要的详述"，之后却没有任何续篇问世。与无论哪一位作者后来的著作相比，《论欧洲社会的改组》都显得极其特别，但该书十分值得关注。然而1814年以后，无论政治预测还是欧洲的未来，都不再能引起圣西门和奥古斯坦·梯叶里的兴趣。

三　圣西门的欧洲构想与历史对它的考验

一部被作者遗忘的作品

1816年，在有钱的资助者——法兰西银行的行长们和实业家们——的资助下，圣西门着手编辑《实业》，这是一份定期出版的、集体合作的刊物，旨在保护贸易自由，推动工业革命。后来，由于他的社会思想令资助者们感到不安，他被他们抛弃并重新陷入了贫困，然而他仍然成功地继续着经济学家的工作，并在这期间转变为一名社会思想家。他出版了两部著作——《组织者》（1819）和《论实业体系》（1820），在其中以一种足以让他吃官司的气魄，叙述了他关于社会主义社会的坚定信念，认为在那种社会里唯有从事劳动和生产的人才有立足之地。

他的变化没有阻止他在晚年重拾他最初的空想，没有阻止他创建一门新宗教，这个宗教旨在"通过消除所有信仰和所有迷信的或无益的活动来更新基督教"。1825年圣西门猝然去世后，他的一些已变成其信徒的学生创建了一个教派，一个被舆论视为危险而荒谬的宗派——导师的所有著作都由此背上了骂名。

至于奥古斯坦·梯叶里，1817年起他不再担任圣西门的秘书。做了一段时间的新闻工作之后，他实现了自己的夙愿，成为一名历史学家。他关注当时十分热门的中世纪历史，出版了《诺曼人征服英国史》和《墨洛温时代叙事》——这两部著作让他出了名，也为历史学具备科学性和文学性做出了贡献。

一部无人问津的作品

《论欧洲社会的改组》被作者遗忘，也长期被舆论忽略。该著经历了与历史甚至欧洲历史相关的种种境遇：问世之初短暂的成功，随后长期被遗忘，最终被重新发现。

舆论发生重大逆转。一部长期被反对者称为乌托邦的著作——"乌托邦"这个词被反对者赋予了过分的贬义——打了个漂亮的翻身仗。

的确，历史似乎一度支持了反对者的观点。圣西门所预测的出现在欧洲地平线上的统一而和平的大陆，在19世纪无论对国际主义者还是爱国主义者——也就是大部分欧洲人——来说，无异于无稽之谈，因为现实呈现的是与之相反的图景。

在随后的20世纪，事情的发展发生倒转，评论站到了圣西门这一边。空想变成了预见。

三 圣西门的欧洲构想与历史对它的考验 | 97

> **乌托邦：含义的危险演变**
>
> 乌托邦一词由托马斯·莫尔创造，出现在其专著《关于最完美的国家制度和乌托邦新岛的既有益又有趣的金书》(1516)的标题里，在书中他陈述了他关于最好的政府的看法。这个理想政府存在于"乌有之乡"——在希腊语中是"utopie"——的事实并不意味着它无法实现；相反，对莫尔来说，它构成了一个要实现的理想型。
>
> 19世纪，在马克思主义思想家的影响下，乌托邦一词有了贬义，正如《法语历史词典》所说，"这个词从一个关于理想体制的概念转变为'不考虑现实的政治观或社会观'的含义"，它通常用来表示"一种看起来不能实现的想法，一种空想"。

如此的演变促使我们去思考圣西门的方法。

一位历史学家的科学预言

圣西门预测欧洲的未来，使用的是科学的方法。

《论欧洲社会的改组》不是空想，不是幻觉，亦非神启。在此之前，圣西门喜欢引述在巴黎一所监狱里查理大帝给他的许诺，以及在日内瓦的某个夜晚上帝对他的许诺。这本书与先前那些预言性叙述毫无共同之处。

这次的方法是科学的。它把科学上的观察方法应用到一个特殊的领域——政治,以及一个具体的案例——欧洲,由此去发现支配它们演化的定律;从中推断出这种演化的项。因此,方法论的推理时常让这本书看起来像一篇供经济预测家以及其他未来学家使用的《方法论》。

圣西门相信认知的场域是唯一的——在着手探讨科学伊始,他就坚信这一点;他亦坚信唯有一个方法能通向它,这个方法在他看来包括两个步骤——综合或先天的研究、分析或后天的研究,和两个因素——推理和经验。

此方法建立在对人类社会的过去的认知上,能够说明支配人类社会的规律,并由此不仅使人类社会的过去易于理解,而且使未来——过去之可预见的延续——清晰可辨。对此,圣西门在上一年已经有了预感,他在《人类科学概论》中写道:"未来由一个数列的最晚时段组成,这个数列的最早时段构成了过去。认真研究了一个数列的项,就不难得出后面的项:这样一来,从仔细观察了的过去,就可以轻而易举推断出未来。"

《论欧洲社会的改组》是历史决定论首次应用于政治预测,圣西门通常把历史决定论称为"事物发展的自然趋势"或"人类精神的发展进程"。在全书序言,在给法国和英国议会的献辞中,他提到这场"多年前就已开始的欧洲革命,它应该由独一无二的事物发展的自然趋势予以终结",以及在书的结论部分,当他思考欧洲的幸福命运时,他欢呼道:"……我们的祖先并未看到它,我们的后代有朝一日将抵达那里……那正是我们孜孜以求的目标,是人类精神的发展进程带我们去的地方。"

英法历史的比较为圣西门式的方法提供了一个范例。诚然,这个范例是有限的,却也颇具启发性。

从对英国革命和法国革命的观察,圣西门推断出它们的相似之处:它们都经历了相同的六个阶段;从它们时间上的差距——前者爆发于1649年,克伦威尔是领袖,后者比前者晚了一百四十年——他推论出法国革命的下一个阶段将是哪一个。他的科学预测建立在一个数学定理上,他喜欢引述这个定理,那就是:"两个数列的四对相同项之后,相同项就有无限个。"

所以,根据英国所发生的——1660年复辟的斯图亚特王朝,1688年被赶下台——在圣西门看来,法国革命的下一个阶段也是最后一个阶段必然是复辟王朝即波旁王朝的倒台……要知道,仅在路易十八返回巴黎数周之后,圣西门就提出了这项预言,所以不难理解何以政府深感不安并且介入了对该著的审查。

此预言的准确性很快得到证实。1830年7月,一场巴黎革命迫使查理十世——路易十八的弟弟兼继任

> **托利党与辉格党**
>
> 1688年革命以来争夺权力的两个英国政党。辉格党代表的是地产主和中产阶级,控制政治生活直至1783年;与对手托利党人相反,辉格党人寻求限制王权。托利党的主要领袖有小皮特、卡斯尔雷、皮尔和威灵顿,1783—1830年间统治英国。
>
> 从这一时期起,保守党和自由党二词有取代托利党和辉格党二词的趋势。

者——让位;同年,在英国,按照圣西门所预测的步骤,在社会骚乱、宗教动乱和爱尔兰骚乱的背景下引发的一场政治危机使托利党丧失了对国家事务的领导,其对手辉格党获得优势,辉格党那时是扩大选举权的自由选举改革的倡导者。

19世纪的背道而驰

《论欧洲社会的改组》在19世纪遭到遗忘,不仅与作者的冷待有关;亦可由以下事实得到解释:19世纪对圣西门的第一项预测——维也纳会议的失败——的否定,以及对他最珍视的愿望——迅速建立一个欧洲邦联——的否定。

极少有预测像他的最初预测那么快、那么彻底地被推翻:圣西门简明扼要又不容置辩地预言了即将召开的维也纳会议的失败:"不会达成任何协议,不会调和任何利益,不会实现丝毫和平。"

结果截然相反;协议签署了,利益调和了,和平建立了。

威灵顿(1769—1852)也是一位强硬的托利党人,号称"铁公爵"。

法国代表塔列朗极为迅速地同反法联盟各国的代表打成一片。他们不仅调和了野心,还强迫与会者亦即整个欧洲订立了一个最终文件。由此,他们奠定了一个体制——"欧洲和谐"——的基础,此乃五个强国组成的政府,负责管理欧洲事务,维护欧洲和平,方法是使用一个简单而又系统的程序:当一场预示着革命或战争的危机在大陆有爆发的危险时,五国就聚集到这个"会议"中施加它们的仲裁或者使用武力去镇压煽动动乱的人。这样,自由革命、民族革命和社会革命就受到预防或镇压;这样,巴尔干半岛信基督教的人民的独立运动就受到限制和控制。

与圣西门的预测相反,维也纳会议之后的欧洲,虽然经历过多次严酷的革命,在1816年至1911年之间,却鲜有发生国家间的冲突:仅仅三次——而且非常有限。第一次,1853—1856年,在克里米亚半岛,法英对抗俄国;第二次,1866年,普鲁士战胜奥地利;第三次(1870/1871年),德国战胜法国,于1871年完成了统一。

但是,这最后一次冲突之后不久,从世纪之初起就不断使欧洲人陷入狂热的民族情绪,因强国之间的对抗而不断增加。1878年,和谐结束;1885年,两个会议在柏林召开,一个试图结束巴尔干半岛的紧张局势,另一个试图结束在非洲的殖民竞争。欧洲突然分裂为两个敌对的军事联盟体系——三国同盟和三国协约。归根结底,维也纳体系不过把大爆炸推迟了一百年而已。

虽然圣西门错误地断言聚集在维也纳的诸强国无法统一意见和行动,在本质问题上他却没有弄错:正如他所说的,一旦政治家和外交家回到"将使欧洲陷入可悲的战争状态"——欧洲自认为在1814年秋之后已经走出这一状态——的"旧体制和反利益的联盟的旧联合","可悲的战争状态"之死灰复燃就无法避免。

预言的正确可以用死亡人数来衡量,一战结束后,幸存者对一战作总结,发现一战造成的死亡人数是1792—1815年间蹂躏欧洲的所有战争造成的死亡人数的四倍。

同样的灾难,同样的反动。1919年仿若1814年的重现:就在舆论表示气愤并要求"到此为止!"的时候,一个由大国操纵的国际会议召开了,该会议建立了一个体系,其旨在维护和平——按胜利者所说的——公正而持久的和平。

正是在这种背景下,产生了欧洲联盟的方案。圣西门的作品问世一百一十一年后,方与现实有了交集。

空想与历史:20年代的短暂相会

1925年,《论欧洲社会的改组》走出了遗忘之境:法兰西出版社出版了该著,列入出版社的"空想丛书",亨利·德·茹弗内尔为之作序。同年,随着"左派集团"一派赢得选举胜利而上台执政的参议院主席爱德华·埃里奥在议员面前大声说道:"我最大的愿望是有朝一日看到欧洲合众国的出现。"

由此,他就热情地回应了库登霍夫-卡莱基伯爵稍早些时候写给法国议会议员们的信,信中要求议员们支持自己刚刚在泛欧宣言里阐述的欧陆联合计划。

20年代的相会是短暂的。面对一系列破坏、摧毁

里夏德·库登霍夫－卡莱基伯爵（1894—1972）

这位捷克贵族出生于波希米亚，1923年出版了一份名为"泛欧罗巴"的宣言，倡导一个由除俄国和英国之外的所有欧洲国家组成的政治、经济联盟，配以一套从美国、瑞士借鉴来的制度。1924年他在维也纳创立了泛欧联盟。1930年，泛欧联盟名誉主席、法国外交部长阿里斯蒂德·布里扬在《欧洲联盟备忘录》里重新采纳了泛欧联盟中的一些计划，然而时代的灾难使他的联盟计划成了一纸空文。二战后不久，库登霍夫－卡莱基伯爵重新跻身联邦主义者之列，这些人力量更为壮大、更加活跃，却从未占据要职。

欧洲的事件，联合的计划再次成为空想：苏联的诞生以及随之而来的冷战；法西斯国家主义的抬头；经济大危机的毁灭性影响下的重整军备；纳粹德国重新发起的军备竞赛……这样，从一战结束到两次大战之间，1939年标志了后者的终结。那时爆发了一场新的欧洲大战——是一个半世纪里的第三次欧洲战争——战争结束时,欧洲满目疮痍,遍体鳞伤,衰弱不堪。

由于噩梦变成了现实,难道最终不应该继承圣西门的梦想——黄金时代的理想吗?圣西门把它作为欧洲的前景。

问题简单,答案却是复杂的。

历史的裁决

答案之所以复杂,是因为预言本身是复杂的,尽管它在不止一个问题上简短而含糊。圣西门的预言同时讨论了建设的过程——即要走的路,和建设本身——即建立共同家庭。然而答案又是可能的,因为预言问世之后的两个世纪或将近两个世纪,为寻求评价一项如此大胆的政治计划之合理性的人们提供了足够的期限。

历史学家作为评判者要对此计划做出评价,最好从最初阶段着手调查,也就是说从欧洲建设的起源着手调查。

欧洲建设的起源:中肯的预言

圣西门准确地预感到了欧洲联合的缔造者们的动机及其计划取得成功的条件。

欧洲人意识到联合的必要性,如同圣西门所预料的那样,源自对战争的恐惧。在最惨烈的冲突之后不久,法国人和德国人决定结束彼此之间愈发血腥的对立，并决定为他们的共同家庭——欧洲煤钢共同体——奠定基石。

四十年后，又一场战争——冷战——结束了，使东欧的人民也有可能走上联合之路。

当圣西门谈到"邦联的"欧洲的诞生和扩大的方案的时候，他表现出同样的预见。他确信，其诞生将来自两个受相同的"自由原则"统治的国家——在他看来这两个国家就是英国和法国——的联合的意愿。"自由原则"推动两国的联合意愿，直至一个共同议会的建立。

"邦联"欧洲的逐渐扩大，将随着转而信奉自由和议会模式的国家的自由加入而完成。

事实上，自从1951年诞生以来，共同体欧洲的成员国数量不断增长——如同圣西门曾经预测的，成员国数量的增长有时是由于自由制度取代了专制制度的若干国家的加入——属于此类情况的有1981年的希腊，1986年的西班牙和葡萄牙；而爱沙尼亚、波兰、捷克共和国、匈牙利和斯洛伐克在不远的未来亦将加入。

的确，这些主角与圣西门所预测的主角并不相符。这场运动的发起者不是联合的英-法，而是合作的法-德。不过，出于地缘政治秩序和道德秩序的原因，圣西门在未来欧洲内部为德国安排了一个重要位置，一旦德国完成了统一实现了自由，位置就是它的。所以，圣西门恰当地看到了在欧洲身边出现一对强国的必要性，这对国家还必须实现和解，而且唯其有能力向欧陆其他国家提供推动力以及提供自己的政治模式。

在其他领域不存在以上贴切的回顾。在其他领域，历史没有否定圣西门的预言，却通过改变事情和形势的后续发展，打乱了他的预言，因为历史与他所预测的后续发展不相符。

欧洲联合的进程：被打乱的预言

圣西门相信，一切将从政治启动。同样，他把分析重点放在了邦联欧洲的政治体制上，而经济领域他的叙述只用了寥寥数行，包括主张挖掘大运河——他的一个旧主意！——和在未来的英-法联盟中创立一家银行和一种共同货币。

欧洲联合之父们及其继任者们的做法与圣西门的意见截然相反。欧洲共同体首先是经济的，依次建立了煤钢、经济、原子能、货币共同体。政治上的欧洲联合，其建设在时间上更晚，也更加缓慢；它迄今尚未完成。

圣西门在年代前景方面犯的其他错误是：世界的殖

民化。圣西门宣布，统一的欧洲的伟大事业是"让比人类所有其他种族优越的欧洲种族遍布全球"。根据这种他和他的同时代人都持有的"白人和文明人"的傲慢，他预言了规模巨大的征服和移民运动。该运动以惊人的方式加快了另一场开始于三个世纪之前的运动，并从19世纪中期起把数千万欧洲人送到大洋对岸。

但是，如果说圣西门对现象的预测是准确的，他在欧洲建设与欧洲帝国主义之间建立的因果关系却被历史推翻了。他在欧洲邦联中看到了欧洲帝国主义的鼓动者和主使者，却既没有预见到海外帝国的终结，也没有预见到欧洲和世界其他地方之间的大规模移民潮的逆转。这一逆转先于并伴随了欧洲大家庭当前的建设，它是历史的讽刺。

当历史学家在制度中感同身受并对比昨日之计划与今日之现实的时候，亦会赞同上述批判性分析。

今天，欧洲的政治制度，就像圣西门所预言的那样，一部分由于陈旧的特征而显得过时，相反另一部分却显得始终有预见性。

精英和大有产者的政府：过时的预言

圣西门所幻想的欧洲联合很大程度上源自英国模式，从中他看到了"最好的宪制"：统而不治的国王；两院的议会拥有立法权，其中一个议院专门留给贵族，另一个议院由资产阶级占据；行政权归内阁，内阁对议会负责。

但是，当圣西门把"英国制造"的立宪君主政体推广到邦联欧洲的时候，他做了一些改动，这些改动改变了政体的特征。

他把选民资格扩大到所有会读写的人。六千万名男性选民，已与普选相差不远。不过，如果不再考虑选民而只考虑当选者，这向前的、迈向民主的一步，则伴随了向后退的两步。

因为，第二个革新是，有权入选欧洲议会众议院的，只有"大商人、学者、法官和行政官员"。圣西门说，这是因为他们是唯一代表"所有关乎欧洲社会的共同利益"也就是说"可以同科学、艺术、法学、商业、行政和实业联系起来"的东西的人。这些有经验的人是最优秀的。他们构成了欧洲的新精英、新贵族。

至于上议院的世袭议员，将由国王从本国有钱的地产主中间挑选出来。在此我们看到，革命的圣西门开始出现，还有1790年的公民克洛德-亨利·好人以及1819年的社会主义者圣西门——写《蜜蜂和胡蜂的故事》的圣西门。文中指出，法国因皇室和所有贵族的消失而遭受的损失，将低于学者、实业家和农业人员的消失给法国带来的损失。

圣西门的建议完全不是废除贵族的政治特权然后把特权转让到大地产主阶层的手里。但是，由于贵族常常就是大地产主，这种转让，如果它已经发生，并不会引起多少改变；其主要影响只会是道德方面的。

受命统治欧洲的政治阶层由有能力的精英和最富裕的有产者联合构成。

精英主义的和财阀政治的未来欧洲的政治制度，是

圣西门的寓言

"让我们假定，法国保留它在科学、美术、工艺美术方面所拥有的全部天才人物，却不幸地失去了国王的兄弟……王国的所有高官、国家的所有大臣……所有红衣主教、大主教、主教……所有法官……以及过着贵族般生活的人里头最富裕的一万个有产者，这个事故只会在感情方面引起悲伤，因为由此不会对国家造成任何政治上的损害。"

圣西门：《蜜蜂和胡蜂的故事》

法团主义的吗？圣西门用"法团"一词来称呼产生众议院候选人的四个阶层，这促使我们思考上述问题。

也许适当的做法是赋予"法团"这个词与它在大革命之前以及在法西斯体制下所不同的含义。然而三类法团主义有一个共同点：在使从事相同活动的人们关系更加接近的同时，又授予他们中的一小撮人针对其他所有人的权威和权力，从而把人们分成了等级。鉴于此，圣西门的欧洲政治体制可以被称作法团主义的。这就加重了圣西门的欧洲政治体制的不合时宜性。

由于民主在欧洲战胜了贵族–财阀政治制度，我们可以思考，是否只有过一个关于贵族–财阀政治制度的短暂梦想。不过，也许它曾以某些形式存活于诸如19世纪的西北欧？抑或路易–菲利浦时代纳税的、能干的和唯利是图的商人的法国？

除非它只在今天出现于欧洲的前方。这正是帕斯卡·奥里所想的，当谈到圣西门的体制时，他思忖道："在这个时代，院外活动集团与政府官员之间在布鲁塞尔的协商绵绵不绝，我们是否真的已从圣西门的体制中走了出来，甚或，我们是否又完全回到了其中。"

可以肯定的是，我们离圣西门所幻想的议会制度还很远，非常之远。

三　圣西门的欧洲构想与历史对它的考验 | 113

议会制度：昨天给明天的预言

诚然，欧盟的机构及其运作提供了一幅议会制度的图景：位于斯特拉斯堡的欧洲议会，由各成员国公民普选产生的议员投票通过欧洲的法律。

但是这个议会权力有限。它只能在某些领域内制定法律；它没有立法创议权，立法创议权属于欧盟委员会，该委员会的成员由各成员国指派；在预算方面，欧洲议会必须同欧盟理事会、也就是说同各成员国的政府部长们，分享批准或否决预算的权力。

最后，位居欧洲议会之上却与它毫无关系的，是真正的欧洲政府——欧洲委员会。欧洲委员会聚集了成员国的国家元首和政府首脑。在"欧洲峰会"——该峰会在某种形式上与圣西门认为糟糕透顶的19世纪的大小会议相类似——期间，由欧洲委员会来指导欧洲的行动。

因此，对欧洲而言，真正的议会制度——行政权由议会或立法议会授予，并对议会或立法议会负责——还遥不可及。

遥不可及，但是也许比昨天要近一些？这是那些看到过去欧洲建设的缓慢进展的人如今所希望的，要完成欧洲建设，需要为之配备一部宪法。什么样的宪法呢？

热烈的讨论开始了；答案却有分歧，其中一种答案为圣西门的计划提供了机会。

宪法：昨日之计划与今日之计划

圣西门的欧洲是一个"邦联"，正如他的文章的副标题所说的，这个邦联将"在保持各国独立的条件下把欧洲各族人民结成统一的政治体"。

圣西门使用"邦联"一词的时候，没有以法学家的意识关注该词的含义。为了解释这个词的意思，他只提到一个先例，即中世纪基督教国家的先例，他把它想象为"一个邦联社会"，在那里"罗马教廷统治着其他教会，其方式与后者统治人民的方式相同"。圣西门选择这样一个例子可能令人惊讶，因为有更近的模式：神圣罗马帝国，瑞士邦联，北美的合众国……他却对这些模式未置一词。

实际上，圣西门的欧洲介于邦联和联邦之间，前者是主权国家的松散同盟，后者是主权国家，其主权高于组成它的各邦主权。1814年的邦联看起来更接近联邦而不是邦联，原因至少有四个。一个原因是象征性的：欧洲邦联将被赋予一个首都，它在首都的领土上行使主权。其他原因与欧洲邦联的议会所拥有的巨大权力有关。议会可以征收一切它认为必要的赋税;它独自决定那些希望独立或希望加入另一个国家的民族的命运;它仲裁国家间的冲突且没有上诉的可能;最后,它在欧洲以及欧洲以外促进欧洲人之间的合作。

人们离目前的欧盟还有很大距离。目前欧盟的机构缓慢而谨慎地被安置,根本没有一部真正的宪法。由此,目前的重大争论是:是否应该赋予联合的欧洲一部宪法?如果应该,那么什么样的宪法呢?

在第三个千禧年伊始,欧洲人对这个问题的回答五花八门,甚至分歧丛生。其一,英国首相表示赞同建设一个"自由、独立和至高无上的国民的欧洲",配以一部非法律性质的宪章;其二,法国总统衷心地期望把欧洲改造为民族国家的联邦,配以一部"明确联邦与成员国的权限却又不把这些权限固定不变"的宪法;其三,德国外交部长约施卡·菲舍尔提议创建一个真正的欧洲联邦,设立一位总统、一个政府和一个两院的议会,其中一个议院代表公民的欧洲,另一个议院代表国家的欧洲。

这难道不正是一种共和、民主形式下的圣西门预言的政治"改组"吗?

结　语

1814年的计划，问世已长达两个世纪，却仍保留有少许清新。也许其中一些预测已经显现出错误；另一些预测在某一时刻曾被历史证实，现在却过时了；但是还有一些预测，今天看起来，似乎仍拥有未来。

欧洲社会异常缓慢的"改组"可能令人吃惊。其原因也许存在于这个事实，即欧洲社会不晓得该怎样把自己组织起来。这就是圣西门的解释，在他的书中，他没有忘记把欧洲人当成欧洲历史的主要代言人。圣西门为他们绘制了一幅道德肖像：这是一些热爱欧洲的人，一些有道义的、忠实于全体利益的、宽容的人。

他们可以自觉地使各国的特殊利益和欧洲社会的全体利益和谐共存。应该培育出这样的欧洲人，并让他们世代延续下去，为此要向所有欧洲人提供一种共同教育，教给他们"欧洲邦联建立于其上的各项原则"，引导他们把全体利益置于他们的特殊利益之上，教育他们尊重"伟大的道德准则"——那是良知自由和信仰自由的保证。

三　圣西门的欧洲构想与历史对它的考验 | 117

正是上述内容使1814年的圣西门成为倡导"欧洲公民"教育的先驱。而培养"欧洲公民"这件事的必要性，直到最近才引起布鲁塞尔和斯特拉斯堡方面欧洲负责人的注意。

由此可以得出一个关于未来的开放式的结论。如果人们经常回顾预言家们的作品，那么这个结论是不怎么令人吃惊的。

圣西门伯爵，督政府时期诸"王"之一。

参考书目

亨利·德·圣西门:《我的一生》,见《圣西门和昂方坦著作集》,第15卷,巴黎,1868年。

马克西姆·勒鲁瓦:《亨利·德·圣西门伯爵正传(1760—1825)》,格拉赛特出版社,1925年。

A. 奥古斯坦·梯叶里:"家族资料里的奥古斯坦·梯叶里",《两个世界杂志》,第65期,1921年,第791—818页。

A. 德尼厄尔-科尔米耶:《奥古斯坦·梯叶里,别样的历史》,南方出版社,1996年。

弗朗索瓦丝·费谢:"圣西门和奥古斯坦·梯叶里论欧洲社会改组",见 M. 德巴塞伊:《欧洲,一个乌托邦的诞生……》,拉尔马唐出版社,1996年。

帕斯卡·奥里编:《欧洲,欧洲》,公共马车出版社,1998年。

C.- O. 卡博内尔,D. 比洛日,J. 利穆赞,F. 卢瑟,J. 舒尔茨:《欧洲的欧洲史》,第2卷《从文艺复兴到另一场文艺复兴》,普里瓦出版社,1999年。

作者写作本书的念头,源出于安娜·丰特维耶尔 1994 年在保罗-瓦莱里-蒙彼利埃第三大学答辩通过的历史学硕士论文《雅克·德洛尔与圣西门:欧洲平行线》。尽管本书最终与安娜·丰特维耶尔的卓越研究并没有多少关联,但仍需指出这一事实,以示公正,并聊致谢忱。